Xenophon's Anabasis: Book Ii, Ed. for the Use of Schools, with Intr., Notes and Vocabulary, by A.S. Walpole

Xenophon

PREFACE.

THE Text of the present edition is that of Hug,
which, "based on the Parisian manuscript C,
eclipses all previous texts, even Cobet's, and is
regarded by many critics as final." (Mahaffy,
History of Greek Classical Literature, vol. ii. p. 266.)
Words enclosed in square brackets are considered
doubtful or spurious, those in round brackets are
not found in any good MS.

In preparing the Commentary, which aims at
being suggestive rather than complete, most good
editions have been consulted. Great pains have
been taken to make the Vocabulary accurate.
Any omissions or mistakes which may be noticed
will be gladly received by the Editor. Rev. John
Bond has kindly revised and corrected the proof-
sheets.

CONTENTS.

INTRODUCTION.

XENOPHON, the son of Gryllus, was born an Athenian citizen of the deme Erchia, probably about B.C. 430, and belonged to the class of knights (ἱππεῖς). At an early age he became a disciple of the great philosopher, Socrates, whose ardent admirer he ever remained. His tastes were not congenial to the Athens of his day, and he was actually in the army of Athens' enemies in the battle of Coroneia (394 B.C.). It was after this that he was banished by his countrymen, but later on was recalled.

In B.C. 407 Cyrus the Younger, son of Dareius, now King of Persia, came down as Satrap of Lydia, Phrygia, and Cappadocia, and to take the command of the whole maritime district of Asia Minor, in this second capacity superseding Tissaphernes, who became in consequence his bitter enemy. Tissaphernes had been pursuing a double policy, playing off Athens and Sparta against each other in order to weaken both—ready at the right moment to step in and bring Greece under Persian sway. Cyrus' policy was quite different. The disastrous failure of the great Sicilian expedition had brought Athens to the brink of ruin, and his liberal supplies of money largely helped to hasten her downfall. In fact he saw the superiority of the Greek soldiery to the Persian hordes, and understood of what service they would be to him in furtherance of his ambitious schemes. For he had determined one day to be king of Persia. In B.C. 405 his father died, and one of the first acts of Artaxerxes was, at the instigation of Tissaphernes, to seize Cyrus on the charge of treason. Cyrus barely escaped by his mother's aid, and returned to his satrapy longing for vengeance. Under various pretexts he gradually collected and drilled armies of Greek, especially of Peloponnesian, soldiers, and secured the most able officers whom love or money could procure. At last, March 6, B.C. 401, after four years of preparation, he found himself ready to set out from Sardis on his march up against the king. Among the generals who brought these contingents was Proxenus, a Bœotian; he introduced Xenophon. who joined the army as a volunteer.

It would have been fatal for Cyrus to have at once told his army that their destination was Babylon. No Greek—least of all a Spartan—liked to go far from the sea; and it was given out that the Pisidians, a tribe of mountain robbers in the south of Asia Minor, were the object of the expedition. Tissaphernes, however, saw that the force was too great for so trifling an object, and posted to the king with the news. Artaxerxes made some counter-preparations, but the speed with which Cyrus marched obliged him to leave them unfinished.

On reaching Tarsus it was evident that the chastisement of the Pisidians was a mere pretext. The Greeks therefore refused to go any further, and were finally persuaded to do so only by the inducement of rewards and higher pay and the assurance that Cyrus' real aim was to punish Abrocomas, satrap of Phoenicia, a personal enemy.

But when the army after getting into Syria turned inland, and crossing the Euphrates at Thapsacus, proceeded to march down the east bank of the river, Cyrus' real plan was manifest. At the same time it was as dangerous to retreat as to advance. Early in October at Cunaxa, a village about sixty miles north of Babylon, the hostile forces met. The Greeks conquered, but Cyrus was slain, and so the victory was little better than a defeat.

The situation of the Greeks was a very difficult one. They were more than a thousand miles from their homes, and there seemed to be no chance of their ever getting to them. They offered to make Ariaeus, who had commanded Cyrus' left wing in the battle, king. But he refused on the ground that many of the Persian nobles would not tolerate the step. The king then proposed to the Greeks to lay down their arms, to which they replied with spirit "that if the king wanted their arms he might come and take them," and added, "that they would be much more useful to him with than without arms."

The Greek generals, invited to a conference by Tissaphernes, were foully murdered, and the Greeks were leaderless. At this crisis Xenophon, though but a volunteer, took the command, and through every difficulty of foe and climate led his little band northward to the Euxine. Of the troops who had started with Cyrus about 8600 arrived safe at Trapezus.

ΚΥΡΟΥ ΑΝΑΒΑΣΙΣ.

BOOK II.

CHAPTER I.

['Ως μὲν οὖν ἠθροίσθη Κύρῳ τὸ Ἑλληνικὸν ὅτε ἐπὶ
τὸν ἀδελφὸν Ἀρταξέρξην ἐστρατεύετο, *Résumé of Book I.*
καὶ ὅσα ἐν τῇ ἀνόδῳ ἐπράχθη καὶ ὡς ἡ
μάχη ἐγένετο καὶ ὡς Κῦρος ἐτελεύτησε καὶ ὡς ἐπὶ τὸ
στρατόπεδον ἐλθόντες οἱ Ἕλληνες ἐκοιμήθησαν, οἰόμενοι
τὰ πάντα νικᾶν καὶ Κῦρον ζῆν, ἐν τῷ πρόσθεν λόγῳ
δεδήλωται.] ἅμα δὲ τῇ ἡμέρᾳ συν-ελθόντες οἱ 2
στρατηγοὶ ἐθαύμαζον ὅτι Κῦρος οὔτε ἄλλον πέμποι
σημανοῦντα ὅ,τι χρὴ ποιεῖν, οὔτε αὐτὸς φαίνοιτο.
ἔδοξεν οὖν αὐτοῖς συ-σκευασαμένοις ἃ εἶχον καὶ ἐξ-
οπλισαμένοις προ-ιέναι εἰς τὸ πρόσθεν ἕως Κύρῳ συμ-
μίξειαν. ἤδη δὲ ἐν ὁρμῇ ὄντων ἅμα ἡλίῳ ἀν-έχοντι 3
ἦλθε Προκλῆς ὁ Τευθρανίας ἄρχων,
γεγονὼς ἀπὸ Δαμαράτου τοῦ Λάκωνος, *The Greeks hear that Cyrus is dead.*
καὶ Γλοῦς ὁ Ταμῶ. οὗτοι ἔλεγον ὅτι
Κῦρος μὲν τέθνηκεν, Ἀριαῖος δὲ πεφευγὼς ἐν τῷ
σταθμῷ εἴη μετὰ τῶν ἄλλων βαρβάρων ὅθεν τῇ

1

προτεραίᾳ ὥρμηντο, καὶ λέγοι ὅτι ταύτην μὲν τὴν
ἡμέραν περι-μενοῖεν αὐτούς, εἰ μέλλοιεν
ἥκειν, τῇ δὲ ἄλλῃ ἀπ-ιέναι φαίη ἐπὶ
4 Ἰωνίας, ὅθενπερ ἦλθε. ταῦτα ἀκούσαντες οἱ στρατηγοὶ
καὶ οἱ ἄλλοι Ἕλληνες πυνθανόμενοι βαρέως ἔφερον.
δὲ τάδε εἶπεν, Ἀλλ' ὤφελε μὲν Κῦρος
τετελεύτηκεν, ἀπ-αγγέλλετε Ἀριαίῳ ὅτι
νικῶμέν τε βασιλέα, καὶ, ὡς ὁρᾶτε, οὐδεὶς ἔτι
ἡμῖν μάχεται, καὶ εἰ μὴ ὑμεῖς ἤλθετε, ἐπορευόμεθα ἂν
ἐπὶ βασιλέα. ἐπ-αγγελλόμεθα δὲ Ἀριαίῳ,
ἐὰν ἐνθάδε ἔλθῃ, εἰς τὸν θρόνον τὸν βασί-
λειον καθ-ιεῖν αὐτόν· τῶν γὰρ μάχῃ
5 νικώντων καὶ τὸ ἄρχειν ἐστί. ταῦτα εἰπὼν ἀπο-στέλλει
τοὺς ἀγγέλους καὶ σὺν αὐτοῖς Χειρίσοφον τὸν Λάκωνα
καὶ Μένωνα τὸν Θετταλόν· καὶ γὰρ αὐτὸς Μένων
6 ἐβούλετο· ἦν γὰρ φίλος καὶ ξένος Ἀριαίου. οἱ μὲν
ᾤχοντο, Κλέαρχος δὲ περι-έμενε· τὸ δὲ στράτευμα
ἐπορίζετο σῖτον ὅπως ἐδύνατο ἐκ τῶν
ὑποζυγίων κόπτοντες τοὺς βοῦς καὶ ὄνους.
ξύλοις δὲ ἐχρῶντο μικρὸν προ-ϊόντες ἀπὸ τῆς φάλαγγος
οὗ ἡ μάχη ἐγένετο τοῖς τε οἰστοῖς πολλοῖς οὖσιν, οὓς
ἠνάγκαζον οἱ Ἕλληνες ἐκ-βάλλειν τοὺς αὐτομολοῦντας
παρὰ βασιλέως, καὶ τοῖς γέρροις καὶ ταῖς ἀσπίσι ταῖς
ξυλίναις ταῖς Αἰγυπτίαις· πολλαὶ δὲ καὶ πέλται καὶ
ἅμαξαι ἦσαν φέρεσθαι ἔρημοι οὖσαι· οἷς πᾶσι χρώμενοι
7 κρέα ἕψοντες ἤσθιον ἐκείνην τὴν ἡμέραν., καὶ ἤδη τε ἦν
περὶ πλήθουσαν ἀγορὰν καὶ ἔρχονται παρὰ βασιλέως
αὶ Τισσαφέρνους κήρυκες οἱ μὲν ἄλλοι βάρβαροι, ἢν

Plans of Ariaeus.

The Greeks will make him king.

An improvised breakfast.

δ' αὐτῶν Φαλῖνος εἷς Ἕλλην, ὃς ἐτύγχανε παρὰ Τισ-
σαφέρνει ὢν καὶ ἐντίμως ἔχων· καὶ γὰρ
προσ-εποιεῖτο ἐπιστήμων εἶναι τῶν ἀμφὶ   *The king sends
τάξεις τε καὶ ὁπλομαχίαν. οὗτοι δὲ προσ-   *Phalinus to de-*
mand surren-
ελθόντες καὶ καλέσαντες τοὺς τῶν Ἑλ-   *der of arms.*   8
λήνων ἄρχοντας λέγουσιν ὅτι βασιλεὺς κελεύει τοὺς
Ἕλληνας, ἐπεὶ νικῶν τυγχάνει καὶ Κῦρον ἀπ-έκτονε,
παρα-δόντας τὰ ὅπλα ἰόντας ἐπὶ τὰς βασιλέως θύρας
εὑρίσκεσθαι ἄν τι δύνωνται ἀγαθόν. ταῦτα μὲν   9
εἶπον οἱ βασιλέως κήρυκες· οἱ δὲ Ἕλληνες βαρέως
μὲν ἤκουσαν, ὅμως δὲ Κλέαρχος τοσοῦτον εἶπεν ὅτι
οὐ τῶν νικώντων εἴη τὰ ὅπλα παρα-διδόναι· ἀλλ', ἔφη,
ὑμεῖς μέν, ὦ ἄνδρες στρατηγοί, τούτοις ἀπο-κρίνασθε
ὅ,τι κάλλιστόν τε καὶ ἄριστον ἔχετε· ἐγὼ δὲ αὐτίκα ἥξω.
ἐκάλεσε γάρ τις αὐτὸν τῶν ὑπηρετῶν, ὅπως ἴδοι τὰ ἱερὰ
ἐξ-ῃρημένα· ἔτυχε γὰρ θυόμενος. ἔνθα δὴ ἀπ-εκρίνατο   10
Κλεάνωρ ὁ Ἀρκὰς πρεσβύτατος ὢν ὅτι
πρόσθεν ἂν ἀπο-θάνοιεν ἢ τὰ ὅπλα παρα-   *Opinions of*
δοῖεν· Πρόξενος δὲ ὁ Θηβαῖος, Ἀλλ' ἐγώ,   *Cleanor and*
Proxenus.
ἔφη, ὦ Φαλῖνε, θαυμάζω πότερα ὡς κρατῶν βασιλεὺς
αἰτεῖ τὰ ὅπλα ἢ ὡς διὰ φιλίαν δῶρα. εἰ μὲν γὰρ ὡς
κρατῶν, τί δεῖ αὐτὸν αἰτεῖν καὶ οὐ λαβεῖν ἐλθόντα;
εἰ δὲ πείσας βούλεται λαβεῖν, λεγέτω τί ἔσται τοῖς
στρατιώταις, ἐὰν αὐτῷ ταῦτα χαρίσωνται.   *Reply of Pha-*
πρὸς ταῦτα Φαλῖνος εἶπε, Βασιλεὺς νικᾶν   *linus.*
ἡγεῖται, ἐπεὶ Κῦρον ἀπ-έκτονε. τίς γὰρ αὐτῷ ἔτι τῆς   11
ἀρχῆς ἀντι-ποιεῖται; νομίζει δὲ καὶ ὑμᾶς ἑαυτοῦ εἶναι,
ἔχων ἐν μέσῃ τῇ ἑαυτοῦ χώρᾳ καὶ ποταμῶν ἐντὸς

ἀδιαβάτων καὶ πλῆθος ἀνθρώπων ἐφ' ὑμᾶς δυνάμενος
ἀγαγεῖν ὅσον οὐδ' εἰ παρ-έχοι ὑμῖν δύναισθε ἂν ἀπο-
12 κτεῖναι. χ μετὰ τοῦτον Θεόπομπος Ἀθηναῖος εἶπεν,
Ὦ Φαλῖνε, νῦν, ὡς σὺ ὁρᾷς, ἡμῖν οὐδὲν

Wise remark of Theopompus. ἔστιν ἀγαθὸν ἄλλο εἰ μὴ ὅπλα καὶ ἀρετή.
ὅπλα μὲν οὖν ἔχοντες οἰόμεθα ἂν καὶ τῇ
ἀρετῇ χρῆσθαι, παρα-δόντες δ' ἂν ταῦτα καὶ τῶν
σωμάτων στερηθῆναι. μὴ οὖν οἴου τὰ μόνα ἀγαθὰ
ἡμῖν ὄντα ὑμῖν παρα-δώσειν, ἀλλὰ σὺν τούτοις καὶ
13 περὶ τῶν ὑμετέρων ἀγαθῶν μαχούμεθα. ἀκούσας δὲ
ταῦτα ὁ Φαλῖνος ἐγέλασε καὶ εἶπεν, Ἀλλὰ φιλοσόφῳ

Reply of Phalinus. μὲν ἔοικας, ὦ νεανίσκε, καὶ λέγεις οὐκ
ἀχάριτα· ἴσθι μέντοι ἀνόητος ὤν, εἰ οἴει
τὴν ὑμετέραν ἀρετὴν περι-γενέσθαι ἂν τῆς βασιλέως
14 δυνάμεως. ἄλλους δέ τινας ἔφασαν λέγειν ὑπο-μαλακιζο-
μένους ὡς καὶ Κύρῳ πιστοὶ ἐγένοντο καὶ βασιλεῖ ἂν
πολλοῦ ἄξιοι γένοιντο, εἰ βούλοιτο φίλος γενέσθαι·
καὶ εἴτε ἄλλο τι θέλοι χρῆσθαι εἴτ' ἐπ' Αἴγυπτον
15 στρατεύειν, συγ-κατα-στρέψαιντ' ἂν αὐτῷ. ἐν τούτῳ
Κλέαρχος ἧκε, καὶ ἠρώτησεν εἰ ἤδη ἀπο-κεκριμένοι

He appeals to Clearchus. εἶεν. Φαλῖνος δὲ ὑπο-λαβὼν εἶπεν, Οὗτοι
μέν, ὦ Κλέαρχε, ἄλλος ἄλλα λέγει· σὺ δ'
16 ἡμῖν εἰπὲ τί λέγεις. ὁ δ' εἶπεν, Ἐγώ σε, ὦ Φαλῖνε,

C. asks his advice. ἄσμενος ἑώρακα, οἶμαι δὲ καὶ οἱ ἄλλοι
πάντες· σύ τε γὰρ Ἕλλην εἶ καὶ ἡμεῖς
τοσοῦτοι ὄντες ὅσους σὺ ὁρᾷς· [ἐν τοιούτοις δὲ ὄντες
πράγμασι] συμ-βουλευόμεθά σοι τί χρὴ ποιεῖν περὶ ὧν
λέγεις. σὺ οὖν πρὸς θεῶν συμ-βούλευσον ἡμῖν ὅ,τι

σοι δοκεῖ κάλλιστον καὶ ἄριστον εἶναι, καὶ ὅ σοι
τιμὴν οἴσει [εἰς τὸν ἔπειτα χρόνον] ἀεὶ λεγόμενον, ὅτι
Φαλῖνός ποτε πεμφθεὶς παρὰ βασιλέως κελεύσων
τοὺς Ἕλληνας τὰ ὅπλα παρα-δοῦναι συμ-βουλευο-
μένοις συν-εβούλευσεν αὐτοῖς τάδε. οἶσθα δὲ ὅτι
ἀνάγκη λέγεσθαι ἐν τῇ Ἑλλάδι ἃ ἂν συμ-βουλεύσῃς.
ὁ δὲ Κλέαρχος ταῦτα ὑπ-ήγετο βουλόμενος καὶ αὐτὸν 18
τὸν παρὰ βασιλέως πρεσβεύοντα συμ-βουλεῦσαι μὴ
παρα-δοῦναι τὰ ὅπλα, ὅπως εὐέλπιδες μᾶλλον εἶεν οἱ
Ἕλληνες. Φαλῖνος δὲ ὑπο-στρέψας παρὰ τὴν δόξαν
αὐτοῦ εἶπεν, Ἐγώ, εἰ μὲν τῶν μυρίων ἐλπίδων μία τις 19
ὑμῖν ἐστὶ [σωθῆναι πολεμοῦντας βασιλεῖ],
συμ-βουλεύω μὴ παρα-διδόναι τὰ ὅπλα· εἰ
δέ τοι μηδεμία σωτηρίας ἐστὶν ἐλπὶς
ἄκοντος βασιλέως, συμ-βουλεύω σώζεσθαι
ὑμῖν ὅπῃ δυνατόν. Κλέαρχος δὲ πρὸς ταῦτα εἶπεν, 20
Ἀλλὰ ταῦτα μὲν δὴ σὺ λέγεις· παρ' ἡμῶν δὲ ἀπ-
άγγελλε τάδε ὅτι ἡμεῖς οἰόμεθα, εἰ μὲν
δέοι βασιλεῖ φίλους εἶναι, πλείονος ἂν
ἄξιοι εἶναι φίλοι ἔχοντες τὰ ὅπλα ἢ παρα-δόντες
ἄλλῳ, εἰ δὲ δέοι πολεμεῖν, ἄμεινον ἂν πολεμεῖν ἔχοντες
τὰ ὅπλα ἢ ἄλλῳ παρα-δόντες. ὁ δὲ Φαλῖνος εἶπε, 21
Ταῦτα μὲν δὴ ἀπ-αγγελοῦμεν· ἀλλὰ καὶ τάδε ὑμῖν
εἰπεῖν ἐκέλευσε βασιλεὺς ὅτι μένουσι μὲν
ὑμῖν αὐτοῦ σπονδαὶ εἴησαν, προ-ϊοῦσι δὲ
καὶ ἀπ-ιοῦσι πόλεμος. εἴπατε οὖν καὶ περὶ τούτου
πότερα μενεῖτε καὶ σπονδαί εἰσιν, ἢ ὡς πολέμου ὄντος
παρ' ὑμῶν ἀπ-αγγελῶ. Κλέαρχος δ' ἔλεξεν, Ἀπ- 22

A

No chance for the Greeks to avoid surrender.

Opinion of Clearchus.

Conditions of a truce.

ἄγγελλε τοίνυν καὶ περὶ τούτου ὅτι καὶ ἡμῖν ταὐτὰ δοκεῖ ἅπερ καὶ βασιλεῖ. Τί οὖν ταῦτά ἐστιν; ἔφη ὁ Φαλῖνος. ἀπ-εκρίνατο Κλέαρχος, Ἢν μὲν μένωμεν, σπονδαί, ἀπ-ιοῦσι δὲ καὶ προ-ϊοῦσι πόλεμος.

Clearchus temporises.

23 ὁ δὲ πάλιν ἠρώτησε, Σπονδὰς ἢ πόλεμον ἀπ-αγγελῶ; Κλέαρχος δὲ ταὐτὰ πάλιν ἀπ-εκρίνατο, Σπονδαὶ μὲν μένουσιν, ἀπ-ιοῦσι δὲ καὶ προ-ϊοῦσι πόλεμος. ὅ,τι δὲ ποιήσοι οὐ δι-εσήμηνε.

CHAPTER II.

Φαλῖνος μὲν δὴ ᾤχετο καὶ οἱ σὺν αὐτῷ. οἱ δὲ παρὰ Ἀριαίου ἧκον Προκλῆς καὶ Χειρίσοφος· Μένων δὲ αὐτοῦ ἔμενε παρὰ Ἀριαίῳ· οὗτοι δὲ ἔλεγον ὅτι πολλοὺς φαίη Ἀριαῖος εἶναι Πέρσας ἑαυτοῦ βελτίους,

Ariaeus declines the kingdom.

οὓς οὐκ ἂν ἀνα-σχέσθαι αὐτοῦ βασιλεύοντος· ἀλλ' εἰ βούλεσθε συν-απ-ιέναι, ἥκειν ἤδη κελεύει τῆς νυκτός· εἰ δὲ μή,

2 αὔριον πρῲ ἀπ-ιέναι φησίν. ὁ δὲ Κλέαρχος εἶπεν, Ἀλλ' οὕτω χρὴ ποιεῖν· ἐὰν μὲν ἥκωμεν, ὥσπερ λέγετε· εἰ δὲ μή, πράττετε ὁποῖον ἄν τι ὑμῖν οἴησθε μάλιστα

3 συμ-φέρειν. ὅ,τι δὲ ποιήσοι οὐδὲ τούτοις εἶπε. μετὰ ταῦτα ἤδη ἡλίου δύνοντος συγ-καλέσας τοὺς στρατηγοὺς καὶ λοχαγοὺς ἔλεξε τοιάδε. Ἐμοί,

Clearchus summons a council.

ὦ ἄνδρες, θυομένῳ ἰέναι ἐπὶ βασιλέα οὐκ ἐγίγνετο τὰ ἱερά. καὶ εἰκότως ἄρα οὐκ ἐγίγνετο· ὡς γὰρ ἐγὼ νῦν πυνθάνομαι, ἐν μέσῳ ἡμῶν

καὶ βασιλέως ὁ Τίγρης ποταμός ἐστι ναυσίπορος,
ὃν οὐκ ἂν δυναίμεθα ἄνευ πλοίων δια-βῆναι· πλοῖα
δὲ ἡμεῖς οὐκ ἔχομεν. οὐ μὲν δὴ αὐτοῦ γε μένειν οἷόν τε·
τὰ γὰρ ἐπιτήδεια οὐκ ἔστιν ἔχειν· ἰέναι δὲ παρὰ τοὺς
Κύρου φίλους πάνυ καλὰ ἡμῖν τὰ ἱερὰ ἦν. ὧδε οὖν 4
χρὴ ποιεῖν· ἀπ-ιόντας δειπνεῖν ὅ,τι τις _Orders to march._
ἔχει· ἐπειδὰν δὲ σημήνῃ τῷ κέρατι ὡς
ἀνα-παύεσθαι, συ-σκευάζεσθε· ἐπειδὰν δὲ τὸ δεύτερον,
ἀνα-τίθεσθε ἐπὶ τὰ ὑποζύγια· ἐπὶ δὲ τῷ τρίτῳ ἔπεσθε
τῷ ἡγουμένῳ, τὰ μὲν ὑποζύγια ἔχοντες πρὸς τοῦ ποτα-
μοῦ, τὰ δὲ ὅπλα ἔξω. ταῦτ' ἀκούσαντες οἱ στρατηγοὶ 5
καὶ λοχαγοὶ ἀπ-ῆλθον καὶ ἐποίουν οὕτω.
καὶ τὸ λοιπὸν ὁ μὲν ἦρχεν, οἱ δὲ ἐπείθοντο, _C. accepted as commander-in-chief._
οὐχ ἑλόμενοι, ἀλλὰ ὁρῶντες ὅτι μόνος
ἐφρόνει οἷα δεῖ τὸν ἄρχοντα, οἱ δ' ἄλλοι ἄπειροι ἦσαν.
[ἀριθμὸς τῆς ὁδοῦ ἣν ἦλθον ἐξ Ἐφέσου τῆς Ἰωνίας 6
μέχρι τῆς μάχης σταθμοὶ τρεῖς καὶ ἐνενήκοντα, παρα-
σάγγαι πέντε καὶ τριάκοντα καὶ πεντα-
κόσιοι, στάδιοι πεντήκοντα καὶ ἑξακισχί- _Itinerary._
λιοι καὶ μύριοι· ἀπὸ δὲ τῆς μάχης ἐλέγοντο εἶναι εἰς
Βαβυλῶνα στάδιοι ἑξήκοντα καὶ τριακόσιοι.] ἐντεῦθεν 7
ἐπεὶ σκότος ἐγένετο Μιλτοκύθης μὲν ὁ _Desertion of Miltocythes._
Θρᾷξ ἔχων τούς τε ἱππέας τοὺς μεθ' ἑαυτοῦ
εἰς τετταράκοντα καὶ τῶν πεζῶν Θρακῶν ὡς τριακοσίους
ηὐτομόλησε πρὸς βασιλέα. Κλέαρχος δὲ τοῖς ἄλλοις 8
ἡγεῖτο κατὰ τὰ παρ-ηγγελμένα, οἱ δ' εἵποντο· καὶ
ἀφ-ικνοῦνται εἰς τὸν πρῶτον σταθμὸν παρ' Ἀριαῖον
καὶ τὴν ἐκείνου στρατιὰν ἀμφὶ μέσας νύκτας· καὶ ἐν

τάξει θέμενοι τὰ ὅπλα συν-ῆλθον οἱ στρατηγοὶ καὶ
λοχαγοὶ τῶν Ἑλλήνων παρ' Ἀριαῖον· καὶ

Oath between Greeks and Ariaeus.

ὤμοσαν οἵ τε Ἕλληνες καὶ ὁ Ἀριαῖος καὶ
τῶν σὺν αὐτῷ οἱ κράτιστοι μήτε προ-δώσειν
ἀλλήλους σύμμαχοί τε ἔσεσθαι· οἱ δὲ βάρβαροι προσ-

9 ώμοσαν καὶ ἡγήσεσθαι ἀδόλως. ταῦτα δ' ὤμοσαν,
σφάξαντες ταῦρον καὶ κάπρον καὶ κριὸν εἰς ἀσπίδα, οἱ
μὲν Ἕλληνες βάπτοντες ξίφος, οἱ δὲ βάρβαροι λόγχην.

10 ἐπεὶ δὲ τὰ πιστὰ ἐγένετο, εἶπεν ὁ Κλέαρχος, Ἄγε δή,
ὦ Ἀριαῖε, ἐπείπερ ὁ αὐτὸς ὑμῖν στόλος ἐστὶ καὶ
ἡμῖν, εἰπὲ τίνα γνώμην ἔχεις περὶ τῆς πορείας, πότερον
ἄπ-ιμεν ἤνπερ ἤλθομεν ἢ ἄλλην τινὰ ἐν-νενοηκέναι

11 δοκεῖς ὁδὸν κρείττω. ὁ δ' εἶπεν, Ἢν μὲν ἤλθομεν

Ariaeus explains the route.

ἀπ-ιόντες παντελῶς ἂν ὑπὸ λιμοῦ ἀπ-ολοί-
μεθα· ὑπ-άρχει γὰρ νῦν ἡμῖν οὐδὲν τῶν
ἐπιτηδείων. ἑπτακαίδεκα γὰρ σταθμῶν τῶν ἐγγυτάτω
οὐδὲ δεῦρο ἰόντες ἐκ τῆς χώρας οὐδὲν εἴχομεν λαμ-
βάνειν· ἔνθα δέ τι ἦν, ἡμεῖς δια-πορευόμενοι κατ-εδα-
πανήσαμεν. νῦν δ' ἐπι-νοοῦμεν πορεύεσθαι μακροτέραν

12 μὲν, τῶν δ' ἐπιτηδείων οὐκ ἀπορήσομεν. πορευτέον δ'
ἡμῖν τοὺς πρώτους σταθμοὺς ὡς ἂν δυνώμεθα

Forced marches necessary.

μακροτάτους, ἵνα ὡς πλεῖστον ἀπο-σπάσω-
μεν τοῦ βασιλικοῦ στρατεύματος· ἢν γὰρ
ἅπαξ δύο ἢ τριῶν ἡμερῶν ὁδὸν ἀπό-σχωμεν, οὐκέτι μὴ
δύνηται βασιλεὺς ἡμᾶς καταλαβεῖν. ὀλίγῳ μὲν γὰρ
στρατεύματι οὐ τολμήσει ἐφ-έπεσθαι· πολὺν δ' ἔχων
στόλον οὐ δυνήσεται ταχέως πορεύεσθαι. ἴσως δὲ καὶ τῶν
ἐπιτηδείων σπανιεῖ. ταύτην, ἔφη, τὴν γνώμην ἔχω ἔγωγε.

run

think

Ἦν δὲ αὕτη ἡ στρατηγία οὐδὲν ἄλλο δυναμένη ἢ 13
ἀπο-δρᾶναι ἢ ἀπο-φυγεῖν· ἡ δὲ τύχη ἐστρατήγησε
κάλλιον. ἐπεὶ γὰρ ἡμέρα ἐγένετο, ἐπο-
ρεύοντο ἐν δεξιᾷ ἔχοντες τὸν ἥλιον, λογιζό-
μενοι ἥξειν ἅμα ἡλίῳ δύνοντι εἰς κώμας
τῆς Βαβυλωνίας χώρας· καὶ τοῦτο μὲν οὐκ ἐψεύσθησαν.
ἔτι δὲ ἀμφὶ δείλην ἔδοξαν πολεμίους ὁρᾶν ἱππέας· καὶ 14
τῶν τε Ἑλλήνων οἳ μὴ ἔτυχον ἐν ταῖς
τάξεσιν ὄντες εἰς τὰς τάξεις ἔθεον, καὶ
Ἀριαῖος, ἐτύγχανε γὰρ ἐφ᾽ ἁμάξης πορευόμενος διότι
ἐτέτρωτο, κατα-βὰς ἐθωρακίζετο καὶ οἱ σὺν αὐτῷ. ἐν 15
ᾧ δὲ ὡπλίζοντο ἧκον λέγοντες οἱ προ-πεμφθέντες σκο-
ποὶ ὅτι οὐχ ἱππεῖς εἶεν ἀλλ᾽ ὑποζύγια νέμοιτο. καὶ
εὐθὺς ἔγνωσαν πάντες ὅτι ἐγγύς που ἐστρατοπεδεύετο
βασιλεύς· καὶ γὰρ καπνὸς ἐφαίνετο ἐν κώμαις οὐ
πρόσω· Κλέαρχος δὲ ἐπὶ μὲν τοὺς πολεμίους οὐκ ἦγεν· 16
ᾔδει γὰρ καὶ ἀπ-ειρηκότας τοὺς στρατιώτας καὶ ἀσίτους
ὄντας· ἤδη δὲ καὶ ὀψὲ ἦν· οὐ μέντοι οὐδὲ ἀπ-έκλινε,
φυλαττόμενος μὴ δοκοίη φεύγειν, ἀλλ᾽ εὐθύωρον ἄγων
ἅμα τῷ ἡλίῳ δυομένῳ εἰς τὰς ἐγγυτάτω
κώμας τοὺς πρώτους ἔχων κατ-εσκήνωσεν,
ἐξ ὧν δι-ήρπαστο ὑπὸ τοῦ βασιλικοῦ στρατεύματος
καὶ αὐτὰ τὰ ἀπὸ τῶν οἰκιῶν ξύλα. οἱ μὲν οὖν πρῶτοι 17
ὅμως τρόπῳ τινὶ ἐστρατοπεδεύσαντο, οἱ δὲ ὕστεροι
σκοταῖοι προσ-ιόντες ὡς ἐτύγχανον ἕκαστοι ηὐλίζοντο,
καὶ κραυγὴν πολλὴν ἐποίουν καλοῦντες ἀλλήλους, ὥστε
καὶ τοὺς πολεμίους ἀκούειν· ὥστε οἱ μὲν ἐγγύτατα
τῶν πολεμίων καὶ ἔφυγον ἐκ τῶν σκηνωμάτων. δῆλον

Advance north and east.

An alarm.

Uncomfortable quarters.

chance is the best commander

set ? but inf ηκω

early pm

ρι τρωσκω wounded

scout

graze

smoke village ?

exhausted

late turn
straight on aside

camp

plunder

saw

on guard

for all that noise

bivouac ?

camp

18 δὲ τοῦτο τῇ ὑστεραίᾳ ἐγένετο· οὔτε γὰρ ὑποζύγιον ἔτ' οὐδὲν ἐφάνη οὔτε στρατόπεδον οὔτε καπνὸς οὐδαμοῦ πλησίον. ἐξ-επλάγη δέ, ὡς ἔοικε, καὶ βασιλεὺς τῇ ἐφόδῳ τοῦ στρατεύματος. ἐδήλωσε δὲ τοῦτο οἷς τῇ 19 ὑστεραίᾳ ἔπραττε. προ-ϊούσης μέντοι τῆς νυκτὸς ταύτης καὶ τοῖς Ἕλλησι φόβος ἐμ-πίπτει, καὶ θόρυβος καὶ δοῦπος ἦν οἷον εἰκὸς φόβου ἐμ-πεσόντος γίγνεσθαι.

20 **Panic in camp, quelled by pro-clamation of Clearchus.** Κλέαρχος δὲ Τολμίδην Ἠλεῖον, ὃν ἐτύγχανεν ἔχων παρ' ἑαυτῷ κήρυκα ἄριστον τῶν τότε, ἀν-ειπεῖν ἐκέλευσε σιγὴν κηρύξαντα ὅτι προ-αγορεύουσιν οἱ ἄρχοντες, ὃς ἂν [τὸν ἀφέντα τὸν ὄνον] εἰς τὰ ὅπλα μηνύσῃ, ὅτι λήψεται 21 μισθὸν τάλαντον. ἐπεὶ δὲ ταῦτα ἐκηρύχθη, ἔγνωσαν οἱ στρατιῶται ὅτι κενὸς ὁ φόβος εἴη καὶ οἱ ἄρχοντες σῷ. ἅμα δὲ ὄρθρῳ παρ-ήγγειλεν ὁ Κλέαρχος εἰς τάξιν τὰ ὅπλα τίθεσθαι τοὺς Ἕλληνας ᾗπερ εἶχον ὅτε ἦν ἡ μάχη.

CHAPTER III.

ὃ δὲ δὴ ἔγραψα ὅτι βασιλεὺς ἐξ-επλάγη τῇ ἐφόδῳ, τῷδε δῆλον ἦν. τῇ μὲν γὰρ πρόσθεν ἡμέρᾳ πέμπων τὰ ὅπλα παρα-διδόναι ἐκέλευε, τότε δὲ ἅμα ἡλίῳ ἀνα-τέλλοντι κήρυκας ἔπεμψε περὶ σπονδῶν. **The king pro-poses a truce.** 2 οἱ δ' ἐπεὶ ἦλθον πρὸς τοὺς προφύλακας, ἐζήτουν τοὺς ἄρχοντας. ἐπειδὴ δὲ ἀπ-ήγγελλον οἱ προφύλακες, Κλέαρχος τυχὼν τότε τὰς τάξεις ἐπι-

σκοπῶν εἶπε τοῖς προφύλαξι κελεύειν τοὺς κήρυκας
περι-μένειν ἄχρι ἂν σχολάσῃ. ἐπεὶ δὲ κατ-έστησε τὸ 8
στράτευμα ὥστε καλῶς ἔχειν ὁρᾶσθαι πάντῃ φάλαγγα
πυκνήν, ἐκτὸς δὲ τῶν ὅπλων μηδένα καταφανῆ εἶναι,
ἐκάλεσε τοὺς ἀγγέλοις, καὶ αὐτός τε πρό-ηλθε τούς τε
εὐοπλοτάτους ἔχων καὶ εὐειδεστάτους τῶν αὑτοῦ στρα-
τιωτῶν καὶ τοῖς ἄλλοις στρατηγοῖς ταὐτὰ ἔφρασεν.
ἐπεὶ δὲ ἦν πρὸς τοῖς ἀγγέλοις, ἀν-ηρώτα τί βούλοιντο. 4
οἱ δ᾽ ἔλεγον ὅτι περὶ σπονδῶν ἥκοιεν ἄνδρες οἵτινες
ἱκανοὶ ἔσονται τά τε παρὰ βασιλέως τοῖς Ἕλλησιν ἀπ-
αγγεῖλαι καὶ τὰ παρὰ τῶν Ἑλλήνων βασιλεῖ. ὁ δὲ 5
ἀπ-εκρίνατο, Ἀπ-αγγέλλετε τοίνυν αὐτῷ ὅτι μάχης
δεῖ πρῶτον· ἄριστον γὰρ οὐκ ἔστιν, οὐδ᾽ ὁ
τολμήσων περὶ σπονδῶν λέγειν τοῖς
Ἕλλησι μὴ πορίσας ἄριστον. ταῦτα
ἀκούσαντες οἱ ἄγγελοι ἀπ-ήλαυνον, καὶ ἧκον ταχύ·
ᾧ καὶ δῆλον ἦν ὅτι ἐγγύς που βασιλεὺς ἦν ἢ ἄλλος
τις ᾧ ἐπ-ετέτακτο ταῦτα πράττειν· ἔλεγον δὲ ὅτι
εἰκότα δοκοῖεν λέγειν βασιλεῖ, καὶ ἥκοιεν ἡγεμόνας
ἔχοντες οἳ αὐτούς, ἐὰν σπονδαὶ γένωνται,
ἄξουσιν ἔνθεν ἕξουσι τὰ ἐπιτήδεια. ὁ δὲ 7
ἠρώτα εἰ αὐτοῖς τοῖς ἀνδράσι σπένδοιτο τοῖς ἰοῦσι καὶ
ἀπ-ιοῦσιν, ἢ καὶ τοῖς ἄλλοις ἔσοιντο σπονδαί. οἱ δέ,
Ἅπασιν, ἔφασαν, μέχρι ἂν βασιλεῖ τὰ παρ᾽ ὑμῶν
δι-αγγελθῇ. ἐπεὶ δὲ ταῦτα εἶπον, μετα-στησάμενος 8
αὐτοὺς ὁ Κλέαρχος ἐβουλεύετο· καὶ ἐδόκει τὰς σπονδὰς
ποιεῖσθαι [ταχύ τε] καὶ καθ᾽ ἡσυχίαν ἐλθεῖν τε ἐπὶ τὰ
ἐπιτήδεια καὶ λαβεῖν. ὁ δὲ Κλέαρχος εἶπε, Δοκεῖ μὲν 9

The Greeks must first breakfast.

Supplies promised.

[marginal notes:]
be free · compact · handsome · but · dare · reasonable · peace

until · except · προερχομαι advance · say · ∃ · supply · command · make truce going & coming · withdraw · deliberate · ερχομαι aorist comp

κἀμοὶ ταῦτα· οὐ μέντοι ταχύ γε ἀπ-αγγελῶ, ἀλλὰ
δια-τρίψω ἔστ' ἂν ὀκνήσωσιν οἱ ἄγγελοι μὴ ἀπο-δόξῃ
ἡμῖν τὰς σπονδὰς ποιήσασθαι· οἶμαί γε μέντοι, ἔφη,
καὶ τοῖς ἡμετέροις στρατιώταις τὸν αὐτὸν φόβον παρ-
έσεσθαι. ἐπεὶ δὲ ἐδόκει καιρὸς εἶναι, ἀπ-ήγγελλεν ὅτι
σπένδοιτο, καὶ εὐθὺς ἡγεῖσθαι ἐκέλευε πρὸς τἀπιτήδεια.

10 **Caution of Clearchus.**   καὶ οἱ μὲν ἡγοῦντο, Κλέαρχος μέντοι
ἐπορεύετο τὰς μὲν σπονδὰς ποιησάμενος
τὸ δὲ στράτευμα ἔχων ἐν τάξει, καὶ αὐτὸς ὠπισθοφυ-
λάκει. καὶ ἐν-ετύγχανον τάφροις καὶ αὐλῶσιν ὕδατος

Canals and trenches are bridged.   πλήρεσιν ὡς μὴ δύνασθαι διαβαίνειν
ἄνευ γεφυρῶν· ἀλλ' ἐποιοῦντο ἐκ τῶν
φοινίκων οὓς εὕρισκον ἐκ-πεπτωκότας, τοὺς

11 δὲ καὶ ἐξ-έκοπτον. καὶ ἐνταῦθα ἦν Κλέαρχον κατα-
μαθεῖν ὡς ἐπ-εστάτει, ἐν μὲν τῇ ἀριστερᾷ χειρὶ τὸ
δόρυ ἔχων, ἐν δὲ τῇ δεξιᾷ βακτηρίαν· καὶ εἴ τις
αὐτῷ δοκοίη τῶν πρὸς τοῦτο τεταγμένων

Energy of C.   βλακεύειν, ἐκ-λεγόμενος τὸν ἐπιτήδειον
ἔπαισεν ἄν, καὶ ἅμα αὐτὸς προσ-ελάμβανεν εἰς τὸν
πηλὸν ἐμ-βαίνων· ὥστε πᾶσιν αἰσχύνην εἶναι μὴ οὐ

12 συ-σπουδάζειν. καὶ ἐτάχθησαν πρὸς αὐτὸ οἱ (εἰς)
τριάκοντα ἔτη γεγονότες· ἐπεὶ δὲ καὶ Κλέαρχον
ἑώρων σπουδάζοντα, προσ-ελάμβανον καὶ οἱ πρεσ-

13 βύτεροι. πολὺ δὲ μᾶλλον ὁ Κλέαρχος ἔσπευδεν,
ὑπ-οπτεύων αὐτὸ τὸ πλήρεις εἶναι τὰς τάφρους ὕδατος·
οὐ γὰρ ἦν ὥρα οἷα τὸ πεδίον ἄρδειν· ἀλλ' ἵνα ἤδη
πολλὰ προ-φαίνοιτο τοῖς Ἕλλησι δεινὰ εἰς τὴν
πορείαν, τούτου ἕνεκα βασιλέα ὑπ-ώπτευεν ἐπὶ τὸ

πεδίον τὸ ὕδωρ ἀφ-εικέναι. πορευόμενοι δὲ ἀφ-ίκοντο 14
εἰς κώμας ὅθεν ἀπ-έδειξαν οἱ ἡγεμόνες λαμβάνειν τὰ
ἐπιτήδεια. ἐν-ῆν δὲ σῖτος πολὺς καὶ οἶνος **Plentiful provisions.**
φοινίκων καὶ ὄξος ἑψητὸν ἀπὸ τῶν αὐτῶν.
αὗται δὲ αἱ βάλανοι τῶν φοινίκων οἵας μὲν ἐν τοῖς 15
Ἕλλησιν ἔστιν ἰδεῖν τοῖς οἰκέταις ἀπ-έκειντο, αἱ δὲ
τοῖς δεσπόταις ἀπο-κείμεναι ἦσαν ἀπόλεκτοι, θαυμάσιαι
τοῦ κάλλους καὶ μεγέθους. ἡ δὲ ὄψις ἠλέκτρου οὐδὲν
δι-έφερε· τὰς δέ τινας ξηραίνοντες τραγή- **Effects of the dates.**
ματα ἀπ-ετίθεσαν. καὶ ἦν καὶ παρὰ πότον
ἡδὺ μέν, κεφαλαλγὲς δέ· ἐνταῦθα καὶ τὸν ἐγκέφαλον 16
τοῦ φοίνικος πρῶτον ἔφαγον οἱ στρατιῶται, καὶ οἱ
πολλοὶ ἐθαύμασαν τό τε εἶδος καὶ τὴν ἰδιότητα τῆς
ἡδονῆς. ἦν δὲ σφόδρα καὶ τοῦτο κεφαλαλγές. ὁ δὲ
φοῖνιξ ὅθεν ἐξ-αιρεθείη ὁ ἐγκέφαλος ὅλος αὐαίνετο.

Ἐνταῦθα ἔμειναν ἡμέρας τρεῖς· καὶ παρὰ μεγάλου 17
βασιλέως ἧκε Τισσαφέρνης καὶ ὁ τῆς βασιλέως γυναικὸς
ἀδελφὸς καὶ ἄλλοι Πέρσαι τρεῖς· δοῦλοι
δὲ πολλοὶ εἵποντο. ἐπεὶ δὲ ἀπ-ήντησαν **Tissaphernes interviews the Greeks.**
αὐτοῖς οἱ τῶν Ἑλλήνων στρατηγοί, ἔλεγε
πρῶτος Τισσαφέρνης δι' ἑρμηνέως τοιάδε. Ἐγώ, ὦ 18
ἄνδρες Ἕλληνες, γείτων οἰκῶ τῇ Ἑλλάδι, καὶ ἐπεὶ
ὑμᾶς εἶδον εἰς πολλὰ καὶ ἀμήχανα πεπτωκότας, εὕρημα
ἐποιησάμην εἴ πως δυναίμην παρὰ βασιλέως αἰτήσασθαι
δοῦναι ἐμοὶ ἀπο-σῶσαι ὑμᾶς εἰς τὴν Ἑλλάδα. οἶμαι
γὰρ ἂν οὐκ ἀχαρίστως μοι ἔχειν οὔτε πρὸς ὑμῶν οὔτε
πρὸς τῆς πάσης Ἑλλάδος. . ταῦτα δὲ γνοὺς ᾐτούμην 19
βασιλέα, λέγων αὐτῷ ὅτι δικαίως ἄν μοι χαρίζοιτο, ὅτι

αὐτῷ Κῦρόν τε ἐπι-στρατεύοντα πρῶτος ἤγγειλα καὶ
βοήθειαν ἔχων ἅμα τῇ ἀγγελίᾳ ἀφ-ικόμην, καὶ μόνος
τῶν κατὰ τοὺς Ἕλληνας τεταγμένων οὐκ ἔφυγον, ἀλλὰ
δι-ήλασα καὶ συν-έμιξα βασιλεῖ ἐν τῷ ὑμετέρῳ στρατο-
πέδῳ [ἔνθα βασιλεὺς ἀφ-ίκετο, ἐπεὶ Κῦρον ἀπ-έκτεινε
καὶ τοὺς σὺν Κύρῳ βαρβάρους ἐδίωξε σὺν τοῖσδε τοῖς
παρ-οῦσι νῦν μετ' ἐμοῦ, οἵπερ αὐτῷ εἰσὶ πιστότατοι].

20 καὶ περὶ μὲν τούτων ὑπ-έσχετό μοι βουλεύσεσθαι· ἐρέ-
σθαι δέ με ὑμᾶς ἐκέλευεν ἐλθόντα τίνος

Asks why they came against the king.

ἕνεκεν ἐστρατεύσατε ἐπ' αὐτόν. καὶ συμ-
βουλεύω ὑμῖν μετρίως ἀπο-κρίνασθαι, ἵνα
μοι εὐπρακτότερον ᾖ ἐάν τι δύνωμαι ἀγαθὸν ὑμῖν παρ'

21 αὐτοῦ δια-πράξασθαι. πρὸς ταῦτα μετα-στάντες οἱ
Ἕλληνες ἐβουλεύοντο· καὶ ἀπ-εκρίναντο, Κλέαρχος
δ' ἔλεγεν· Ἡμεῖς οὔτε συν-ήλθομεν ὡς

They plead obligations to Cyrus.

βασιλεῖ πολεμήσοντες οὔτε ἐπορευόμεθα
ἐπὶ βασιλέα, ἀλλὰ πολλὰς προφάσεις
Κῦρος εὕρισκεν, ὡς καὶ σὺ εὖ οἶσθα, ἵνα ὑμᾶς τε

22 ἀπαρασκεύους λάβοι καὶ ἡμᾶς ἐνθάδε ἀγάγοι. ἐπεὶ
μέντοι ἤδη αὐτὸν ἑωρῶμεν ἐν δεινῷ ὄντα, ᾐσχύνθημεν
καὶ θεοὺς καὶ ἀνθρώπους προ-δοῦναι αὐτόν, ἐν τῷ
πρόσθεν χρόνῳ παρ-έχοντες ἡμᾶς αὐτοὺς εὖ ποιεῖν.

23 ἐπεὶ δὲ Κῦρος τέθνηκεν, οὔτε βασιλεῖ ἀντι-ποιούμεθα
τῆς ἀρχῆς οὔτ' ἔστιν ὅτου ἕνεκα βουλοίμεθα ἂν τὴν
βασιλέως χώραν κακῶς ποιεῖν, οὐδ' αὐτὸν ἀπο-κτεῖναι
ἂν ἐθέλοιμεν, πορευοίμεθα δ' ἂν οἴκαδε, εἴ τις ἡμᾶς μὴ
λυποίη· ἀδικοῦντα μέντοι πειρασόμεθα σὺν τοῖς θεοῖς
ἀμύνασθαι· ἐὰν μέντοι τις ἡμᾶς καὶ εὖ ποιῶν ὑπ-άρχῃ,

καὶ τούτου εἴς γε δύναμιν οὐχ ἡττησόμεθα εὖ ποιοῦντες.
ὁ μὲν οὕτως εἶπεν· ἀκούσας δὲ ὁ Τισσαφέρνης, Ταῦτα, 24
ἔφη, ἐγὼ ἀπ-αγγελῶ βασιλεῖ καὶ ὑμῖν πάλιν τὰ παρ'
ἐκείνου· μέχρι δ' ἂν ἐγὼ ἥκω αἱ σπονδαὶ μενόντων·
ἀγορὰν δὲ ἡμεῖς παρ-έξομεν. καὶ εἰς μὲν τὴν ὑστεραίαν 25
οὐχ ἧκεν· ὥσθ' οἱ Ἕλληνες ἐφρόντιζον· τῇ δὲ τρίτῃ
ἥκων ἔλεγεν ὅτι δια-πεπραγμένος ἥκοι παρὰ βασιλέως
δοθῆναι αὑτῷ σώζειν τοὺς Ἕλληνας, καίπερ πολλῶν
ἀντιλεγόντων ὡς οὐκ ἄξιον εἴη βασιλεῖ ἀφ-εῖναι τοὺς
ἐφ' ἑαυτὸν στρατευσαμένους. τέλος δὲ εἶπε, Καὶ νῦν 26
ἔξ-εστιν ὑμῖν πιστὰ λαβεῖν παρ' ἡμῶν ἦ μὴν φιλίαν
παρ-έξειν ὑμῖν τὴν χώραν καὶ ἀδόλως ἀπ-άξειν εἰς τὴν
Ἑλλάδα ἀγορὰν παρ-έχοντας· ὅπου δ'
ἂν μὴ ᾖ πρίασθαι, λαμβάνειν ὑμᾶς ἐκ τῆς
χώρας ἐάσομεν τὰ ἐπιτήδεια. ὑμᾶς δὲ αὖ
ἡμῖν δεήσει ὀμόσαι ἦ μὴν πορεύσεσθαι ὡς
διὰ φιλίας ἀσινῶς σῖτα καὶ ποτὰ λαμβάνοντας ὁπόταν
μὴ ἀγορὰν παρ-έχωμεν· ἢν δὲ παρ-έχωμεν ἀγοράν,
ὠνουμένους ἕξειν τὰ ἐπιτήδεια. ταῦτα ἔδοξε, καὶ 28
ὤμοσαν καὶ δεξιὰς ἔδοσαν Τισσαφέρνης καὶ ὁ τῆς βασι-
λέως γυναικὸς ἀδελφὸς τοῖς τῶν Ἑλλήνων στρατηγοῖς
καὶ λοχαγοῖς καὶ ἔλαβον παρὰ τῶν Ἑλλήνων. μετὰ 29
δὲ ταῦτα Τισσαφέρνης εἶπε, Νῦν μὲν δὴ ἄπ-ειμι ὡς
βασιλέα· ἐπειδὰν δὲ δια-πράξωμαι ἃ δέομαι,
ἥξω συ-σκευασάμενος ὡς ἀπ-άξων ὑμᾶς
εἰς τὴν Ἑλλάδα καὶ αὐτὸς ἀπ-ιὼν ἐπὶ τὴν ἐμαυτοῦ
ἀρχήν.

[marginal printed notes] Possible terms of agreement between the Greeks and the king. 27

Tissaphernes leaves.

CHAPTER IV.

Μετὰ ταῦτα περι-έμενον Τισσαφερνην οἵ τε Ἕλληνες καὶ ὁ Ἀριαῖος [ἐγγὺς ἀλλήλων ἐστρατοπεδευμένοι] ἡμέρας πλείους ἢ εἴκοσιν. ἐν δὲ ταύταις ἀφ-ικνοῦνται πρὸς Ἀριαῖον καὶ οἱ ἀδελφοὶ καὶ οἱ ἄλλοι ἀναγκαῖοι καὶ πρὸς τοὺς σὺν ἐκείνῳ Περσῶν τινες, (οἳ) παρ-εθάρρυνόν τε καὶ δεξιὰς ἐνίοις παρὰ βασιλέως ἔφερον μὴ μνησικακήσειν βασι-λέα αὐτοῖς τῆς σὺν Κύρῳ ἐπιστρατείας

2 μηδὲ ἄλλου μηδενὸς τῶν παρ-οιχομένων. τούτων δὲ γιγνομένων ἔνδηλοι ἦσαν οἱ περὶ Ἀριαῖον ἧττον προσ-έχοντες τοῖς Ἕλλησι τὸν νοῦν· ὥστε καὶ διὰ τοῦτο τοῖς μὲν πολλοῖς τῶν Ἑλλήνων οὐκ ἤρεσκον, ἀλλὰ προσ-ιόντες τῷ Κλεάρχῳ ἔλεγον καὶ τοῖς ἄλλοις

3 στρατηγοῖς, Τί μένομεν; ἢ οὐκ ἐπιστάμεθα ὅτι βασι-λεὺς ἡμᾶς ἀπ-ολέσαι ἂν περὶ παντὸς ποιήσαιτο, ἵνα καὶ τοῖς ἄλλοις Ἕλλησι φόβος εἴη ἐπὶ βασιλέα μέγαν στρατεύειν; καὶ νῦν μὲν ἡμᾶς ὑπ-άγεται μένειν διὰ τὸ δι-εσπάρθαι αὐτῷ τὸ στρά-τευμα· ἐπὴν δὲ πάλιν ἁλισθῇ αὐτῷ ἡ στρατιά, [οὐκ ἔστιν

4 ὅπως οὐκ] ἐπι-θήσεται ἡμῖν. ἴσως δέ που ἢ ἀπο-σκάπτει τι ἢ ἀπο-τειχίζει, ὡς ἄπορος εἴη ἡ ὁδός. οὐ γάρ ποτε ἑκών γε βουλήσεται ἡμᾶς ἐλθόντας εἰς τὴν Ἑλλάδα ἀπ-αγγεῖλαι ὡς ἡμεῖς τοσοίδε ὄντες ἐνικῶμεν [τὸν] βασιλέα ἐπὶ ταῖς θύραις αὐτοῦ καὶ κατα-γελάσαντες ἀπ-ήλθομεν.

Amnesty for friends of Ariaeus.

The Greeks suspect the king.

Κλέαρχος δὲ ἀπ-εκρίνατο τοῖς ταῦτα λέγουσιν, Ἐγὼ 5
ἐν-θυμοῦμαι μὲν καὶ ταῦτα πάντα. ἐν-νοῶ δ' ὅτι εἰ
νῦν ἄπιμεν, δόξομεν ἐπὶ πολέμῳ ἀπ-ιέναι
καὶ παρὰ τὰς σπονδὰς ποιεῖν. ἔπειτα *Clearchus*
πρῶτον μὲν ἀγορὰν οὐδεὶς παρ-έξει ἡμῖν *shows what risk there is in defying him.*
οὐδὲ ὅθεν ἐπι-σιτιούμεθα· αὖθις δὲ ὁ
ἡγησόμενος οὐδεὶς ἔσται· καὶ ἅμα ταῦτα ποιούντων
ἡμῶν εὐθὺς (ἂν) Ἀριαῖος ἀπο-σταίη· ὥστε φίλος
ἡμῖν οὐδεὶς λελείψεται, ἀλλὰ καὶ οἱ πρόσθεν ὄντες
πολέμιοι ἡμῖν ἔσονται. ποταμὸς δ' εἰ μέν τις καὶ 6
ἄλλος ἄρα ἡμῖν ἐστι διαβατέος οὐκ οἶδα· τὸν δ' οὖν
Εὐφράτην ἴσμεν ὅτι ἀδύνατον δια-βῆναι *How can we ford rivers, or do without cavalry?*
κωλυόντων πολεμίων. οὐ μὲν δὴ ἂν μάχε-
σθαί γε δέῃ ἱππεῖς εἰσὶν ἡμῖν σύμμαχοι,
τῶν δὲ πολεμίων ἱππεῖς εἰσὶν οἱ πλεῖστοι καὶ πλείστου
ἄξιοι· ὥστε νικῶντες μὲν τίνα ἂν ἀπο-κτείναιμεν;
ἡττωμένων δὲ οὐδένα οἷόν τε σωθῆναι. ἐγὼ μὲν οὖν 7
βασιλέα, ᾧ οὕτω πολλά ἐστι τὰ σύμμαχα, εἴπερ προ-
θυμεῖται ἡμᾶς ἀπο-λέσαι, οὐκ οἶδα ὅ,τι δεῖ αὐτὸν ὀμόσαι
καὶ δεξιὰν δοῦναι καὶ θεοὺς ἐπι-ορκῆσαι καὶ τὰ ἑαυτοῦ
πιστὰ ἄπιστα ποιῆσαι Ἕλλησί τε καὶ βαρβάροις.
τοιαῦτα πολλὰ ἔλεγεν.

Ἐν δὲ τούτῳ ἧκε Τισσαφέρνης ἔχων τὴν ἑαυτοῦ 8
δύναμιν ὡς εἰς οἶκον ἀπ-ιὼν καὶ Ὀρόντας *Tissaphernes*
* * τὴν ἑαυτοῦ δύναμιν· ἦγε δὲ καὶ τὴν *returns.*
θυγατέρα τὴν βασιλέως ἐπὶ γάμῳ. ἐντεῦθεν δὲ ἤδη 9
Τισσαφέρνους ἡγουμένου καὶ ἀγορὰν παρ-έχοντος
ἐπορεύοντο· ἐπορεύετο δὲ καὶ Ἀριαῖος τὸ Κύρου βαρ-

βαρικὸν ἔχων στράτευμα ἅμα Τισσαφέρνει καὶ Ὀρόντᾳ
10 καὶ συν-εστρατοπεδεύετο σὺν ἐκείνοις. οἱ δὲ Ἕλληνες
ὑφ-ορῶντες τούτους αὐτοὶ ἐφ' ἑαυτῶν

Ariaeus camps with the Persians. ἐχώρουν ἡγεμόνας ἔχοντες. ἐστρατοπε-
δεύοντο δὲ ἑκάστοτε ἀπ-έχοντες ἀλλήλων
παρασάγγην καὶ πλεῖον· ἐφυλάττοντο δὲ ἀμφότεροι

Suspicions and quarrels. ὥσπερ πολεμίους ἀλλήλους, καὶ εὐθὺς
τοῦτο ὑποψίαν παρ-εῖχεν. ἐνίοτε δὲ καὶ
11 ξυλιζόμενοι ἐκ τοῦ αὐτοῦ καὶ χόρτον καὶ ἄλλα τοιαῦτα
12 συλ-λέγοντες πληγὰς ἐν-έτεινον ἀλλήλοις· ὥστε καὶ
τοῦτο ἔχθραν παρ-εῖχε. δι-ελθόντες δὲ τρεῖς σταθμοὺς
ἀφ-ίκοντο πρὸς τὸ Μηδίας καλούμενον τεῖχος, καὶ
παρ-ῆλθον εἴσω αὐτοῦ. ἦν δὲ ᾠκοδομη-

Wall of Media. μένον πλίνθοις ὀπταῖς ἐν ἀσφάλτῳ κειμέ-
ναις, εὖρος εἴκοσι ποδῶν, ὕψος δὲ ἑκατόν· μῆκος δ'
ἐλέγετο εἶναι εἴκοσι παρασαγγῶν· ἀπ-έχει δὲ Βαβυ-
13 λῶνος οὐ πολύ. ἐντεῦθεν δ' ἐπορεύθησαν σταθμοὺς
δύο παρασάγγας ὀκτώ· καὶ διέβησαν διώρυχας δύο,
τὴν μὲν ἐπὶ γεφύρας, τὴν δὲ ἐζευγμένην πλοίοις ἑπτά·
αὗται δ' ἦσαν ἀπὸ τοῦ Τίγρητος ποταμοῦ· κατ-ετέ-
τμηντο δὲ ἐξ αὐτῶν καὶ τάφροι ἐπὶ τὴν χώραν, αἱ μὲν
πρῶται μεγάλαι, ἔπειτα δὲ ἐλάττους· τέλος δὲ καὶ

The Tigris reached. μικροὶ ὀχετοί, ὥσπερ ἐν τῇ Ἑλλάδι ἐπὶ
τὰς μελίνας· καὶ ἀφ-ικνοῦνται ἐπὶ τὸν
Τίγρητα ποταμόν· πρὸς ᾧ πόλις ἦν μεγάλη καὶ
πολυάνθρωπος ᾗ ὄνομα Σιττάκη, ἀπ-έχουσα τοῦ ποτα-
14 μοῦ σταδίους πεντεκαίδεκα. οἱ μὲν οὖν Ἕλληνες παρ'
ὐτὴν ἐσκήνησαν ἐγγὺς παραδείσου μεγάλου καὶ καλοῦ

καὶ δασέος παντοίων δένδρων, οἱ δὲ βάρβαροι δια-
βεβηκότες τὸν Τίγρητα· οὐ μέντοι καταφανεῖς ἦσαν.
μετὰ δὲ τὸ δεῖπνον ἔτυχον ἐν περιπάτῳ ὄντες πρὸ τῶν 15
ὅπλων Πρόξενος καὶ Ξενοφῶν· καὶ προσ-
ελθὼν ἄνθρωπός τις ἠρώτησε τοὺς προφύ-
λακας ποῦ ἂν ἴδοι Πρόξενον ἢ Κλέαρχον·
Μένωνα δὲ οὐκ ἐζήτει, καὶ ταῦτα παρ' Ἀριαίου ὢν τοῦ
Μένωνος ξένου. ἐπεὶ δὲ Πρόξενος εἶπεν ὅτι αὐτός εἰμι 16
ὃν ζητεῖς, εἶπεν ὁ ἄνθρωπος τάδε. Ἔπεμψέ με Ἀριαῖος
καὶ Ἀρτάοζος, πιστοὶ ὄντες Κύρῳ καὶ ὑμῖν
εὖνοι, καὶ κελεύουσι φυλάττεσθαι μὴ
ὑμῖν ἐπι-θῶνται τῆς νυκτὸς οἱ βάρβαροι·
ἔστι δὲ στράτευμα πολὺ ἐν τῷ πλησίον παραδείσῳ.
καὶ παρὰ τὴν γέφυραν τοῦ Τίγρητος ποταμοῦ πέμψαι 17
κελεύουσι φυλακήν, ὡς δια-νοεῖται αὐτὴν
λῦσαι Τισσαφέρνης τῆς νυκτός, ἐὰν δύνη-
ται, ὡς μὴ δια-βῆτε ἀλλ' ἐν μέσῳ ἀποληφ-
θῆτε τοῦ ποταμοῦ καὶ τῆς διώρυχος.
ταῦτα ἄγουσιν αὐτὸν παρὰ τὸν Κλέαρχον καὶ φράζουσιν 18
ἃ λέγει. ὁ δὲ Κλέαρχος ἀκούσας ἐταράχθη
σφόδρα καὶ ἐφοβεῖτο. νεανίσκος δέ τις
τῶν παρόντων ἐννοήσας εἶπεν ὡς οὐκ ἀκόλουθα εἴη τό
τε ἐπι-θήσεσθαι καὶ λύσειν τὴν γέφυραν. δῆλον γὰρ
ὅτι ἐπι-τιθεμένους ἢ νικᾶν δεήσει ἢ
ἡττᾶσθαι. ἐὰν μὲν οὖν νικῶσι, τί δεῖ
λύειν αὐτοὺς τὴν γέφυραν; οὐδὲ γὰρ ἂν
πολλαὶ γέφυραι ὦσιν ἔχοιμεν ἂν ὅποι φυγόντες ἡμεῖς
σωθῶμεν. ἐὰν δὲ ἡμεῖς νικῶμεν, λελυμένης τῆς 20

Ariaeus sends a strange message.

The Persians will attack you.

Tissaphernes will break down the bridge.

C. alarmed,

but the messages are inconsistent.

γεφύρας οὐχ ἕξουσιν ἐκεῖνοι ὅποι φύγωσιν· οὐδὲ μὴν
βοηθῆσαι πολλῶν ὄντων πέραν οὐδεὶς αὐτοῖς δυνήσεται

21 λελυμένης τῆς γεφύρας. ἀκούσας δὲ ὁ Κλέαρχος ταῦτα
ἤρετο τὸν ἄγγελον πόση τις εἴη χώρα ἡ ἐν μέσῳ τοῦ
Τίγρητος καὶ τῆς διώρυχος. ὁ δὲ εἶπεν ὅτι πολλὴ καὶ

22 κῶμαι ἔν·εισι καὶ πόλεις πολλαὶ καὶ μεγάλαι. τότε
δὴ καὶ ἐγνώσθη ὅτι οἱ βάρβαροι τὸν ἄνθρωπον ὑπο-
πέμψειαν, ὀκνοῦντες μὴ οἱ Ἕλληνες δι-ελόντες τὴν

The message proved false.
γέφυραν μείνειαν ἐν τῇ νήσῳ ἐρύματα
ἔχοντες ἔνθεν μὲν τὸν Τίγρητα, ἔνθεν δὲ
τὴν διώρυχα· τὰ δ' ἐπιτήδεια ἔχοιεν ἐκ τῆς ἐν μέσῳ
χώρας πολλῆς καὶ ἀγαθῆς οὔσης καὶ τῶν ἐργασομένων
ἐνόντων· εἶτα δὲ καὶ ἀποστροφὴ γένοιτο εἴ τις βούλοιτο

23 βασιλέα κακῶς ποιεῖν. μετὰ δὲ ταῦτα ἀν-επαύοντο·
ἐπὶ μέντοι τὴν γέφυραν ὅμως φυλακὴν ἔπεμψαν· καὶ
οὔτε ἐπ-έθετο οὐδεὶς οὐδαμόθεν οὔτε πρὸς τὴν γέφυραν
οὐδεὶς ἦλθε τῶν πολεμίων, ὡς οἱ φυλάττοντες ἀπ-

24 ήγγελλον. ἐπειδὴ δὲ ἕως ἐγένετο, δι-έβαινον τὴν

Passage of the river.
γέφυραν ἐζευγμένην πλοίοις τριάκοντα καὶ
ἑπτὰ ὡς οἷόν τε μάλιστα πεφυλαγμένως·
ἐξ-ήγγελλον γάρ τινες τῶν παρὰ Τισσαφέρνους Ἑλ-
λήνων ὡς δια-βαινόντων μέλλοιεν ἐπι-θήσεσθαι. ἀλλὰ
ταῦτα μὲν ψευδῆ ἦν· δια-βαινόντων μέντοι ὁ Γλοῦς
[αὐτῶν] ἐπ-εφάνη μετ' ἄλλων σκοπῶν εἰ δια-βαίνοιεν
τὸν ποταμόν· ἐπειδὴ δὲ εἶδεν, ᾤχετο ἀπ-ελαύνων.

25 Ἀπὸ δὲ τοῦ Τίγρητος ἐπορεύθησαν σταθμοὺς

Arrival at the Physcus.
τέτταρας παρασάγγας εἴκοσιν ἐπὶ τὸν
Φίσκον ποταμόν, τὸ εὖρος πλέθρου· ἐπ' ἦν

δὲ γέφυρα.   καὶ ἐνταῦθα ᾠκεῖτο πόλις μεγάλη ὄνομα
Ὦπις· πρὸς ἣν ἀπ-ήντησε τοῖς Ἕλλησιν ὁ Κύρου καὶ
Ἀρταξέρξου νόθος ἀδελφὸς ἀπὸ Σούσων καὶ Ἐκβατάνων
στρατιὰν πολλὴν ἄγων ὡς βοηθήσων βασιλεῖ· καὶ
ἐπι-στήσας τὸ ἑαυτοῦ στράτευμα παρ-ερχομένους τοὺς
Ἕλληνας ἐθεώρει.   ὁ δὲ Κλέαρχος ἡγεῖτο μὲν εἰς δύο, 26
ἐπορεύετο δὲ ἄλλοτε καὶ ἄλλοτε ἐφ-ιστά-
μενος· ὅσον δὲ [ἂν] χρόνον τὸ ἡγούμενον
τοῦ στρατεύματος ἐπι-στήσειε, τοσοῦτον

C. makes the most of his army.

ἦν ἀνάγκη χρόνον δι’ ὅλου τοῦ στρατεύματος γίγνεσθαι
τὴν ἐπίστασιν· ὥστε τὸ στράτευμα καὶ αὐτοῖς τοῖς Ἕλ-
λησι δόξαι πάμπολυ εἶναι, καὶ τὸν Πέρσην ἐκ-πεπλῆχ-
θαι θεωροῦντα. ἐντεῦθεν δ’ ἐπορεύθησαν διὰ τῆς Μηδίας 27
σταθμοὺς ἐρήμους ἓξ παρασάγγας τριάκοντα εἰς τὰς
Παρυσάτιδος κώμας τῆς Κύρου καὶ βασι-
λέως μητρός. ταύτας Τισσαφέρνης Κύρῳ

Villages of Parysatis.

ἐπ-εγγελῶν δι-αρπάσαι τοῖς Ἕλλησιν ἐπ-έτρεψε πλὴν
ἀνδραπόδων. ἐνῆν δὲ σῖτος πολὺς καὶ πρόβατα καὶ
ἄλλα χρήματα. ἐντεῦθεν δ’ ἐπορεύθησαν σταθμοὺς 28
ἐρήμους τέτταρας παρασάγγας εἴκοσι τὸν Τίγρητα
ποταμὸν ἐν ἀριστερᾷ ἔχοντες. ἐν δὲ τῷ πρώτῳ σταθμῷ
πέραν τοῦ ποταμοῦ πόλις ᾠκεῖτο μεγάλη καὶ εὐδαίμων
ὄνομα Καιναί, ἐξ ἧς οἱ βάρβαροι δι-ῆγον
ἐπὶ σχεδίαις διφθερίναις ἄρτους, τυρούς,
οἶνον.

City of Caenae.

CHAPTER V.

Μετὰ ταῦτα ἀφ-ικνοῦνται ἐπὶ τὸν Ζαπάταν ποταμόν,
τὸ εὖρος τεττάρων πλέθρων. καὶ ἐνταῦθα

The River Zab.

ἔμειναν ἡμέρας τρεῖς· ἐν δὲ ταύταις
ὑποψίαι μὲν ἦσαν, φανερὰ δὲ οὐδεμία ἐφαίνετο ἐπι-
2 βουλή. ἔδοξεν οὖν τῷ Κλεάρχῳ συγ-γενέσθαι τῷ
Τισσαφέρνει [καὶ] εἴ πως δύναιτο παῦσαι τὰς ὑποψίας
πρὶν ἐξ αὐτῶν πόλεμον γενέσθαι· καὶ ἔπεμψέ τινα
3 ἐροῦντα ὅτι συγ-γενέσθαι αὐτῷ χρῄζει. ὁ δὲ ἑτοίμως
ἐκέλευεν ἥκειν. ἐπειδὴ δὲ συν-ῆλθον, λέγει ὁ Κλέαρχος
τάδε. Ἐγώ, ὦ Τισσαφέρνη, οἶδα μὲν ἡμῖν ὅρκους

C. proposes to Tissaphernes a conference to remove all suspicion.

4

γεγενημένους καὶ δεξιὰς δεδομένας μὴ
ἀδικήσειν ἀλλήλους· φυλαττόμενον δὲ
σέ τε ὁρῶ ὡς πολεμίους ἡμᾶς καὶ ἡμεῖς
ὁρῶντες ταῦτα ἀντι-φυλαττόμεθα. ἐπεὶ δὲ
σκοπῶν οὐ δύναμαι οὔτε σὲ αἰσθέσθαι πειρώμενον
ἡμᾶς κακῶς ποιεῖν ἐγώ τε σαφῶς οἶδα ὅτι ἡμεῖς γε οὐδὲ
ἐπι-νοοῦμεν τοιοῦτον οὐδέν, ἔδοξέ μοι εἰς λόγους σοι
ἐλθεῖν, ὅπως εἰ δυναίμεθα ἐξ-έλοιμεν ἀλλήλων τὴν
5 ἀπιστίαν. καὶ γὰρ οἶδα ἀνθρώπους ἤδη τοὺς μὲν ἐκ
διαβολῆς τοὺς δὲ καὶ ἐξ ὑποψίας, οἳ, φοβηθέντες
ἀλλήλους, φθάσαι βουλόμενοι πρὶν παθεῖν, ἐποίησαν
ἀνήκεστα κακὰ τοὺς οὔτε μέλλοντας οὔτ'
ἂν βουλομένους τοιοῦτον οὐδέν. τὰς οὖν

His speech.

6

τοιαύτας ἀγνωμοσύνας νομίζων συνουσίαις μάλιστα

ἂν παύεσθαι ἥκω καὶ διδάσκειν σε βούλομαι ὡς σὺ
ἡμῖν οὐκ ὀρθῶς ἀπιστεῖς. πρῶτον μὲν γὰρ καὶ μέγιστον 7
οἱ θεῶν ἡμᾶς ὅρκοι κωλύουσι πολεμίους εἶναι ἀλλή-
λοις· ὅστις δὲ τούτων σύν-οιδεν αὑτῷ παρ-ημεληκώς,
τοῦτον ἐγὼ οὔποτ’ ἂν εὐδαιμονίσαιμι. τὸν γὰρ θεῶν
πόλεμον οὐκ οἶδα οὔτ’ ἀπὸ ποίου ἂν τάχους φεύγων
τις ἀπο-φύγοι οὔτ’ εἰς ποῖον ἂν σκότος ἀποδραίη οὔθ’
ὅπως ἂν εἰς ἐχυρὸν χωρίον ἀπο-σταίη. πάντῃ γὰρ πάντα
τοῖς θεοῖς ὑποχείρια καὶ πανταχῇ πάντων ἴσον οἱ θεοὶ
κρατοῦσι. περὶ μὲν δὴ τῶν θεῶν τε καὶ τῶν ὅρκων 8
οὕτω γιγνώσκω, παρ’ οὓς ἡμεῖς τὴν φιλίαν συν-θέμενοι
κατ-εθέμεθα· τῶν δ’ ἀνθρωπίνων σὲ ἐγὼ ἐν τῷ παρόντι
νομίζω μέγιστον εἶναι ἡμῖν ἀγαθόν. σὺν μὲν γὰρ σοὶ 9
πᾶσα μὲν ὁδὸς εὔπορος, πᾶς δὲ ποταμὸς διαβατός, τῶν
τε ἐπιτηδείων οὐκ ἀπορία· ἄνευ δέ σου πᾶσα μὲν διὰ
σκότους ἡ ὁδός· οὐδὲν γὰρ αὐτῆς ἐπιστάμεθα· πᾶς δὲ
ποταμὸς δύσπορος, πᾶς δὲ ὄχλος φοβερός, φοβερώτατον
δ’ ἐρημία· μεστὴ γὰρ πολλῆς ἀπορίας ἐστίν. εἰ δὲ δὴ 10
καὶ μανέντες σε κατα-κτείναιμεν, ἄλλο τι ἂν ἢ τὸν
εὐεργέτην κατα-κτείναντες πρὸς βασιλέα τὸν μέγιστον
ἔφεδρον ἀγωνιζοίμεθα; ὅσων δὲ δὴ καὶ οἵων ἂν ἐλπί-
δων ἐμαυτὸν στερήσαιμι, εἰ σέ τι κακὸν ἐπι-χειρήσαιμι
ποιεῖν, ταῦτα λέξω. ἐγὼ γὰρ Κῦρον ἐπεθύμησά μοι 11
φίλον γενέσθαι, νομίζων τῶν τότε ἱκανώτατον εἶναι
εὖ ποιεῖν ὃν βούλοιτο· σὲ δὲ νῦν ὁρῶ τήν τε Κύρου
δύναμιν καὶ χώραν ἔχοντα καὶ τὴν σαυτοῦ [χώραν]
σώζοντα, τὴν δὲ βασιλέως δύναμιν, ᾗ Κῦρος πολεμίᾳ
ἐχρῆτο, σοὶ ταύτην σύμμαχον οὖσαν. τούτων δὲ 12

τοιούτων ὄντων τίς οὕτω μαίνεται ὅστις οὐ βούλεται
σοὶ φίλος εἶναι; ἀλλὰ μὴν ἐρῶ γὰρ [καὶ ταῦτα ἐξ ὧν
ἔχω ἐλπίδας] καὶ σὲ βουλήσεσθαι φίλον ἡμῖν εἶναι.

13 οἶδα μὲν γὰρ ὑμῖν Μυσοὺς λυπηροὺς ὄντας,

The Greeks will help Tissaphernes against Mysians, Pisidians, Egypt.

οὓς νομίζω ἂν σὺν τῇ παρ-ούσῃ δυνάμει
ταπεινοὺς ὑμῖν παρασχεῖν· οἶδα δὲ καὶ
Πισίδας· ἀκούω δὲ καὶ ἄλλα ἔθνη πολλὰ
τοιαῦτα εἶναι, ἃ οἶμαι ἂν παῦσαι ἐν-
οχλοῦντα ἀεὶ τῇ ὑμετέρᾳ εὐδαιμονίᾳ. Αἰγυπτίους δέ,
οἷς μάλιστα ὑμᾶς νῦν οἶδα τεθυμωμένους, οὐχ ὁρῶ
ποίᾳ δυνάμει συμμάχῳ χρησάμενοι μᾶλλον ἂν κολά-
14 σαισθε τῆς νῦν σὺν ἐμοὶ οὔσης. ἀλλὰ μὴν ἔν γε τοῖς
πέριξ οἰκοῦσι σὺ εἰ μὲν βούλοιό τῳ φίλος εἶναι, ὡς
μέγιστος ἂν εἴης, εἰ δέ τίς σε λυποίη, ὡς δεσπότης
[ἂν] ἀνα-στρέφοιο ἔχων ἡμᾶς ὑπηρέτας, οἵ σοι οὐκ ἂν
τοῦ μισθοῦ ἕνεκα μόνον ὑπ-ηρετοῖμεν ἀλλὰ καὶ τῆς
χάριτος ἣν σωθέντες ὑπό σού σοι ἂν ἔχοιμεν δικαίως.

15 ἐμοὶ μὲν ταῦτα πάντα ἐν-θυμουμένῳ οὕτω δοκεῖ θαυμα-
στὸν εἶναι τό σε ἡμῖν ἀπιστεῖν ὥστε καὶ ἥδιστ’ ἂν
ἀκούσαιμι τὸ ὄνομα τίς οὕτως ἐστὶ δεινὸς λέγειν ὥστε
σὲ πεῖσαι λέγων ὡς ἡμεῖς σοι ἐπι-βουλεύομεν.
Κλέαρχος μὲν οὖν τοσαῦτα εἶπε Τισσαφέρνης δὲ
ὧδε ἀπ-ημείφθη.

16 ᾿Αλλ’ ἥδομαι μέν, ὦ Κλέαρχε, ἀκούων σου φρο-
νίμους λόγους· ταῦτα γὰρ γιγνώσκων εἴ τι ἐμοὶ κακὸν

Tissaphernes answers.

βουλεύοις, ἅμα ἂν μοι δοκεῖς καὶ σαυτῷ
κακόνους εἶναι. ὡς δ’ ἂν μάθῃς ὅτι οὐδ’
ἂν ὑμεῖς δικαίως οὔτε βασιλεῖ οὔτ’ ἐμοὶ ἀπιστοῖητε,

asrist imp

ἀντ-άκουσον. εἰ γὰρ ὑμᾶς ἐβουλόμεθα ἀπ-ολέσαι, πότερά **17**
σοι δοκοῦμεν ἱππέων πλήθους ἀπορεῖν ἢ πεζῶν ἢ
ὁπλίσεως ἐν ᾗ ὑμᾶς μὲν βλάπτειν ἱκανοὶ

We could have destroyed you at will.

εἶμεν ἄν, ἀντι-πάσχειν δὲ οὐδεὶς κίνδυνος;
ἀλλὰ χωρίων ἐπιτηδείων ὑμῖν ἐπι-τίθεσθαι
ἀπορεῖν ἄν σοι δοκοῦμεν; οὐ τοσαῦτα μὲν πεδία ἃ **18**
ὑμεῖς φίλια ὄντα σὺν πολλῷ πόνῳ δια-πορεύεσθε,
τοσαῦτα δὲ ὄρη ὁρᾶτε ὑμῖν ὄντα πορευτέα, ἃ ἡμῖν
ἔξεστι προ-κατα-λαβοῦσιν ἄπορα ὑμῖν παρ-έχειν, τοσοῦ-
τοι δ' εἰσὶ ποταμοὶ ἐφ' ὧν ἔξ-εστιν ἡμῖν
ταμιεύεσθαι ὁπόσοις ἂν ὑμῶν βουλώμεθα

We have made the route practicable.

μάχεσθαι; εἰσὶ δ' αὐτῶν οὓς οὐδ' ἂν παντά-
πασι δια-βαίητε, εἰ μὴ ἡμεῖς ὑμᾶς δια-πορεύοιμεν. εἰ **19**
δ' ἐν πᾶσι τούτοις ἡττώμεθα, ἀλλὰ τό γέ τοι πῦρ
κρεῖττον τοῦ καρποῦ ἐστίν· ὃν ἡμεῖς

We could have burnt the crops.

δυναίμεθ' ἂν κατα-καύσαντες λιμὸν ὑμῖν
ἀντι-τάξαι, ᾧ ὑμεῖς οὐδ' εἰ πάνυ ἀγαθοὶ
εἴητε μάχεσθαι ἂν δύναισθε. πῶς ἂν οὖν ἔχοντες **20**
τοσούτους πόρους πρὸς τὸ ὑμῖν πολεμεῖν, καὶ τούτων
μηδένα ἡμῖν ἐπικίνδυνον, ἔπειτα ἐκ τούτων πάντων
τοῦτον ἂν τὸν τρόπον ἐξ-ελοίμεθα ὃς μόνος μὲν πρὸς
θεῶν ἀσεβής, μόνος δὲ πρὸς ἀνθρώπων αἰσχρός;
παντάπασι δὲ ἀπόρων ἐστὶ καὶ ἀμηχάνων καὶ ἐν ἀνάγκῃ **21**
ἐχομένων, καὶ τούτων πονηρῶν, οἵτινες

Some evil men are at work.

ἐθέλουσι δι' ἐπιορκίας τε πρὸς θεοὺς καὶ
ἀπιστίας πρὸς ἀνθρώπους πράττειν τι. οὐχ οὕτως ἡμεῖς,
ὦ Κλέαρχε, οὔτε ἀλόγιστοι οὔτε ἠλίθιοί ἐσμεν. ἀλλὰ **22**
τί δὴ ὑμᾶς ἐξὸν ἀπ-ολέσαι οὐκ ἐπὶ τοῦτο ἤλθομεν; εὖ

[marginal notes, left column:] armaments suitable place; mt acc pl; manage; fruit; means; ? ; perjury

[marginal notes, right column:] be in want; injur; suffe in turn; plain; trouble; to be crossed; seize before; be worsted; hunger; opt pres; dangerous; shameful; foolish ?

[bottom notes:] be possibl ; ἔρχομαι come, attack

ἴσθι ὅτι ὁ ἐμὸς ἔρως τούτου αἴτιος [τὸ τοῖς Ἕλλησιν ἐμὲ

My goodwill is assured. πιστὸν γενέσθαι,] καὶ ᾧ Κῦρος ἀν-έβη ξενικῷ

διὰ μισθοδοσίας πιστεύων τούτῳ ἐμὲ κατα-

23 βῆναι δι' εὐεργεσίας ἰσχυρόν. ὅσα δ' ἐμοὶ χρήσιμοι

ὑμεῖς ἐστε τὰ μὲν καὶ σὺ εἶπας, τὸ δὲ μέγιστον ἐγὼ

οἶδα· τὴν μὲν γὰρ ἐπὶ τῇ κεφαλῇ τιάραν βασιλεῖ

μόνῳ ἔξ-εστιν ὀρθὴν ἔχειν, τὴν δ' ἐπὶ τῇ καρδίᾳ ἴσως

ἂν ὑμῶν παρ-όντων καὶ ἕτερος εὐπετῶς ἔχοι.

24   Ταῦτα εἰπὼν ἔδοξε τῷ Κλεάρχῳ ἀληθῆ λέγειν·

C. is deceived. καὶ εἶπεν, Οὐκοῦν, ἔφη, οἵτινες τοιούτων

ἡμῖν εἰς φιλίαν ὑπ-αρχόντων πειρῶνται

δια-βάλλοντες ποιῆσαι πολεμίους ἡμᾶς [ἄξιοί εἰσι τὰ

25 ἔσχατα παθεῖν]; Καὶ ἐγὼ μέν γε, ἔφη ὁ Τισσαφέρνης,

εἰ βούλεσθέ μοι οἵ τε στρατηγοὶ καὶ οἱ λοχαγοὶ ἐλθεῖν

ἐν τῷ ἐμφανεῖ, λέξω τοὺς πρὸς ἐμὲ λέγοντας

Entertained by Tissapher-nes. ὡς σὺ ἐμοὶ ἐπι-βουλεύεις καὶ τῇ σὺν ἐμοὶ

στρατιᾷ. Ἐγὼ δέ, ἔφη ὁ Κλέαρχος, ἄξω

26 πάντας, καὶ σοὶ αὖ δηλώσω ὅθεν ἐγὼ περὶ σοῦ ἀκούω.

27 ἐκ τούτων δὴ τῶν λόγων ὁ Τισσαφέρνης φιλοφρονού-

μενος τότε μὲν μένειν τε αὐτὸν ἐκέλευε καὶ σύνδειπνον

ἐποιήσατο. τῇ δὲ ὑστεραίᾳ ὁ Κλέαρχος ἀπ-ελθὼν ἐπὶ

τὸ στρατόπεδον δῆλός τ' ἦν πάνυ φιλικῶς οἰόμενος δια-

κεῖσθαι τῷ Τισσαφέρνει καὶ [ἃ ἔλεγεν ἐκεῖνος] ἀπ-

ήγγελλεν, ἔφη τε χρῆναι ἰέναι παρὰ Τισσαφέρνην οὓς

ἐκέλευσε, καὶ οἳ ἂν ἐλεγχθῶσι δια-βάλλοντες τῶν

Ἑλλήνων, ὡς [προδότας αὐτοὺς] καὶ [κακόνους τοῖς

28 Ἕλλησιν ὄντας] τιμωρηθῆναι. ὑπ-ώπτευε δὲ εἶναι τὸν

δια-βάλλοντα Μένωνα, εἰδὼς αὐτὸν καὶ λάθρᾳ συγ-

γεγενημένον Τισσαφέρνει μετ' Ἀριαίου καὶ στασιάζοντα
αὐτῷ καὶ ἐπι-βουλεύοντα, ὅπως τὸ στράτευμα ἅπαν
πρὸς αὐτὸν λαβὼν φίλος ᾖ Τισσαφέρνει. ἐβούλετο 29
δὲ καὶ ὁ Κλέαρχος ἅπαν τὸ στράτευμα πρὸς ἑαυτὸν
ἔχειν τὴν γνώμην καὶ τοὺς παρα-λυποῦντας ἐκποδὼν
εἶναι. τῶν δὲ στρατιωτῶν ἀντ-έλεγόν τινες αὐτῷ μὴ
ἰέναι πάντας τοὺς λοχαγοὺς καὶ στρατηγοὺς μηδὲ
πιστεύειν Τισσαφέρνει. ὁ δὲ Κλέαρχος 30
ἰσχυρῶς κατ-έτεινεν, ἔστε δι-επράξατο
πέντε μὲν στρατηγοὺς ἰέναι, εἴκοσι δὲ
λοχαγούς· συν-ηκολούθησαν δὲ ὡς εἰς
ἀγορὰν καὶ τῶν ἄλλων στρατιωτῶν ὡς διακόσιοι.

Five generals go to interview Tissaphernes, to expose calumniators.

Ἐπεὶ δὲ ἦσαν ἐπὶ ταῖς θύραις ταῖς Τισσαφέρνους 31
οἱ μὲν στρατηγοὶ παρ-εκλήθησαν εἴσω,
Πρόξενος Βοιώτιος, Μένων Θετταλός,
Ἀγίας Ἀρκάς, Κλέαρχος Λάκων, Σωκράτης Ἀχαιός·
οἱ δὲ λοχαγοὶ ἐπὶ ταῖς θύραις ἔμενον. οὐ πολλῷ δὲ 32
ὕστερον ἀπὸ τοῦ αὐτοῦ σημείου οἵ τ' ἔνδον συν-ελαμ-
βάνοντο καὶ οἱ ἔξω κατ-εκόπησαν. μετὰ
δὲ ταῦτα τῶν βαρβάρων τινὲς ἱππέων διὰ
τοῦ πεδίου ἐλαύνοντες ᾧτινι ἐν-τυγ-
χάνοιεν Ἕλληνι ἢ δούλῳ ἢ ἐλευθέρῳ
πάντας ἔκτεινον. οἱ δὲ Ἕλληνες τήν τε ἱππασίαν ἐθαύ- 33
μαζον ἐκ τοῦ στρατοπέδου ὁρῶντες καὶ ὅ,τι
ἐποίουν ἠμφ-εγνόουν, πρὶν Νίκαρχος Ἀρκὰς
ἧκε φεύγων τετρωμένος εἰς τὴν γαστέρα καὶ
τὰ ἔντερα ἐν ταῖς χερσὶν ἔχων, καὶ εἶπε πάντα τὰ γεγενη- 34
μένα. ἐκ τούτου δὴ οἱ Ἕλληνες ἔθεον ἐπὶ τὰ ὅπλα πάντες

They are seized.

Their escort and all straggling Greeks butchered.

News of it brought to camp.

ἐκ-πεπληγμένοι καὶ νομίζοντες αὐτίκα ἥξειν αὐτοὺς ἐπὶ

85 τὸ στρατόπεδον. οἱ δὲ πάντες μὲν οὐκ ἦλ-

Alarm. θον, Ἀριαῖος δὲ καὶ Ἀρτάοζος καὶ Μιθραδά-
της, οἳ ἦσαν Κύρῳ πιστότατοι· ὁ δὲ τῶν Ἑλλήνων
ἑρμηνεὺς ἔφη καὶ τὸν Τισσαφέρνους ἀδελφὸν σὺν
αὐτοῖς ὁρᾶν καὶ γιγνώσκειν· συν-ηκολούθουν δὲ καὶ

86 ἄλλοι Περσῶν τεθωρακισμένοι εἰς τριακοσίους. οὗτοι
ἐπεὶ ἐγγὺς ἦσαν, προσ-ελθεῖν ἐκέλευον εἴ τις εἴη τῶν
Ἑλλήνων στρατηγὸς ἢ λοχαγός, ἵνα ἀπ-αγγείλωσι τὰ

87 παρὰ βασιλέως. μετὰ ταῦτα ἐξ-ῆλθον φυλαττόμενοι
τῶν Ἑλλήνων στρατηγοὶ μὲν Κλεάνωρ Ὀρχομένιος
καὶ Σοφαίνετος Στυμφάλιος, σὺν αὐτοῖς δὲ Ξενοφῶν
Ἀθηναῖος, ὅπως μάθοι τὰ περὶ Προξένου· Χειρίσοφος
δὲ ἐτύγχανεν ἀπὼν ἐν κώμῃ τινὶ σὺν ἄλλοις ἐπι-

88 σιτιζόμενος. ἐπειδὴ δὲ ἔστησαν εἰς ἐπήκοον, εἶπεν

Ariaeus in the King's name demands surrender. Ἀριαῖος τάδε. Κλέαρχος μέν, ὦ ἄνδρες
Ἕλληνες, ἐπεὶ ἐπι-ορκῶν τε ἐφάνη καὶ τὰς
σπονδὰς λύων, ἔχει τὴν δίκην καὶ τέθνηκε,
Πρόξενος δὲ καὶ Μένων, ὅτι κατ-ήγγειλαν αὐτοῦ τὴν
ἐπιβουλήν, ἐν μεγάλῃ τιμῇ εἰσίν. ὑμᾶς δὲ βασιλεὺς
τὰ ὅπλα ἀπ-αιτεῖ· ἑαυτοῦ γὰρ εἶναί φησιν, ἐπείπερ

89 Κύρου ἦσαν τοῦ ἐκείνου δούλου. πρὸς ταῦτα ἀπ-
εκρίναντο οἱ Ἕλληνες, ἔλεγε δὲ Κλεάνωρ ὁ Ὀρχο-

Cleanor reviles him. μένιος· Ὦ κάκιστε ἀνθρώπων Ἀριαῖε καὶ
οἱ ἄλλοι ὅσοι ἦτε Κύρου φίλοι, οὐκ
αἰσχύνεσθε οὔτε θεοὺς οὔτ' ἀνθρώπους, οἵτινες ὀμό-
σαντες ἡμῖν τοὺς αὐτοὺς φίλους καὶ ἐχθροὺς νομιεῖν,
προ-δόντες ἡμᾶς σὺν Τισσαφέρνει τῷ ἀθεωτάτῳ τε καὶ

πανουργοτάτῳ τούς τε ἄνδρας αὐτοὺς οἷς ὤμνυτε ἀπ-
ολωλέκατε καὶ τοὺς ἄλλους ἡμᾶς προ-δεδωκότες σὺν
τοῖς πολεμίοις ἐφ' ἡμᾶς ἔρχεσθε; ὁ δὲ Ἀριαῖος εἶπε, 40
Κλέαρχος γὰρ πρόσθεν ἐπι-βουλεύων φανερὸς ἐγένετο
Τισσαφέρνει τε καὶ Ὀρόντᾳ, καὶ πᾶσιν ἡμῖν τοῖς σὺν
τούτοις. ἐπὶ τούτοις Ξενοφῶν τάδε εἶπε. Κλέαρχος 41
μὲν τοίνυν εἰ παρὰ τοὺς ὅρκους ἔλυε τὰς
σπονδάς, τὴν δίκην ἔχει· δίκαιον γὰρ
ἀπ-όλλυσθαι τοὺς ἐπι-ορκοῦντας· Πρόξενος δὲ καὶ
Μένων ἐπείπερ εἰσὶν ὑμέτεροι μὲν εὐ-
εργέται, ἡμέτεροι δὲ στρατηγοί, πέμψατε
αὐτοὺς δεῦρο· δῆλον γὰρ ὅτι φίλοι γε
ὄντες ἀμφοτέροις πειράσονται καὶ ὑμῖν καὶ ἡμῖν τὰ
βέλτιστα συμ-βουλεῦσαι. πρὸς ταῦτα οἱ βάρβαροι 42
πολὺν χρόνον δια-λεχθέντες ἀλλήλοις ἀπ-ῆλθον οὐδὲν
ἀπο-κρινάμενοι.

[side note: Xenophon speaks.]

[side note: Demands that Proxenus and Menon be delivered up.]

CHAPTER VI.

Οἱ μὲν δὴ στρατηγοὶ οὕτω ληφθέντες ἀν-ήχθησαν
ὡς βασιλέα καὶ ἀπο-τμηθέντες τὰς κεφαλὰς ἐτελεύτησαν,
εἷς μὲν αὐτῶν Κλέαρχος ὁμολογουμένως
ἐκ πάντων τῶν ἐμπείρως αὐτοῦ ἐχόντων
δόξας γενέσθαι ἀνὴρ καὶ πολεμικὸς καὶ φιλοπόλεμος
ἐσχάτως. καὶ γὰρ δὴ ἕως μὲν πόλεμος ἦν τοῖς Λακε- 2
δαιμονίοις πρὸς τοὺς Ἀθηναίους παρ-έμενεν, ἐπειδὴ δὲ
εἰρήνη ἐγένετο, ἀνα-πείσας τὴν αὐτοῦ πόλιν ὡς οἱ

[side note: Ultimate fate of the generals.]

Θρᾷκες ἀδικοῦσι τοὺς Ἕλληνας καὶ δια-πραξάμενος
ὡς ἐδύνατο παρὰ τῶν ἐφόρων ἐξ-έπλει ὡς πολεμήσων
τοῖς ὑπὲρ Χερρονήσου καὶ Περίνθου

**8 History and
character of
Clearchus.** Θρᾳξίν. ἐπεὶ δὲ μετα-γνόντες πως οἱ
ἔφοροι ἤδη ἔξω ὄντος ἀπο-στρέφειν αὐτὸν
ἐπειρῶντο ἐξ Ἰσθμοῦ, ἐνταῦθα οὐκέτι πείθεται, ἀλλ'

4 ᾤχετο πλέων εἰς Ἑλλήσποντον. ἐκ τούτου καὶ ἐθα-
νατώθη ὑπὸ τῶν ἐν Σπάρτῃ τελῶν ὡς ἀπειθῶν.
ἤδη δὲ φυγὰς ὢν ἔρχεται πρὸς Κῦρον, καὶ ὁποίοις
μὲν λόγοις ἔπεισε Κῦρον ἄλλῃ γέγραπται, δίδωσι δὲ

5 αὐτῷ Κῦρος μυρίους δαρεικούς· ὁ δὲ λαβὼν οὐκ ἐπὶ
ῥᾳθυμίαν ἐτράπετο, ἀλλ' ἀπὸ τούτων τῶν χρημάτων
συλ-λέξας στράτευμα ἐπολέμει τοῖς Θρᾳξί, καὶ μάχῃ τε
ἐνίκησε καὶ ἀπὸ τούτου δὴ ἔφερε καὶ ἦγε τούτους
καὶ πολεμῶν δι-εγένετο μέχρι Κῦρος ἐδεήθη τοῦ στρα-
τεύματος· τότε δὲ ἀπ-ῆλθεν ὡς σὺν ἐκείνῳ αὖ πολε-

6 μήσων. ταῦτα οὖν φιλοπολέμου μοι δοκεῖ ἀνδρὸς ἔργα
εἶναι, ὅστις ἐξ-ὸν μὲν εἰρήνην ἔχειν ἄνευ αἰσχύνης
καὶ βλάβης αἱρεῖται πολεμεῖν, ἐξ-ὸν δὲ ῥᾳθυμεῖν βού-
λεται πονεῖν ὥστε πολεμεῖν, ἐξ-ὸν δὲ χρήματα ἔχειν
ἀκινδύνως αἱρεῖται πολεμῶν μείονα ταῦτα ποιεῖν·
ἐκεῖνος δὲ ὥσπερ εἰς παιδικὰ ἢ εἰς ἄλλην τινὰ ἡδονὴν

7 ἤθελε δαπανᾶν εἰς πόλεμον. οὕτω μὲν φιλοπόλεμος
ἦν· πολεμικὸς δὲ αὖ ταύτῃ ἐδόκει εἶναι ὅτι φιλοκίν-
δυνός τε ἦν καὶ ἡμέρας καὶ νυκτὸς ἄγων ἐπὶ τοὺς
πολεμίους καὶ ἐν τοῖς δεινοῖς φρόνιμος, ὡς οἱ παρ-όν-

8 τες πανταχοῦ πάντες ὡμολόγουν. καὶ ἀρχικὸς δ' ἐλέ-
γετο εἶναι ὡς δυνατὸν ἐκ τοῦ τοιούτου τρόπου οἷον

κἀκεῖνος εἶχεν. ἱκανὸς μὲν γὰρ ὥς τις καὶ ἄλλος
φροντίζειν ἦν ὅπως ἔχοι ἡ στρατιὰ αὐτῷ τὰ ἐπιτήδεια
καὶ παρα-σκευάζειν ταῦτα, ἱκανὸς δὲ καὶ ἐμ-ποιῆσαι
τοῖς παρ-οῦσιν ὡς πειστέον εἴη Κλεάρχῳ. τοῦτο δ᾽ 9
ἐποίει ἐκ τοῦ χαλεπὸς εἶναι· καὶ γὰρ ὁρᾶν στυγνὸς ἦν
καὶ τῇ φωνῇ τραχύς, ἐκόλαζέ τε ἰσχυρῶς, καὶ ὀργῇ
ἐνίοτε, ὡς καὶ αὐτῷ μετα-μέλειν ἔσθ᾽ ὅτε. καὶ γνώμῃ
δ᾽ ἐκόλαζεν· ἀκολάστου γὰρ στρατεύματος οὐδὲν ἡγεῖτο 10
ὄφελος εἶναι, ἀλλὰ καὶ λέγειν αὐτὸν ἔφασαν ὡς δέοι
τὸν στρατιώτην φοβεῖσθαι μᾶλλον τὸν ἄρχοντα ἢ τοὺς
πολεμίους, εἰ μέλλοι ἢ φυλακὰς φυλάξειν ἢ φίλων
ἀφ-έξεσθαι ἢ ἀπροφασίστως ἰέναι πρὸς τοὺς πολεμίους.
ἐν μὲν οὖν τοῖς δεινοῖς ἤθελον αὐτοῦ ἀκούειν σφόδρα 11
καὶ οὐκ ἄλλον ᾑροῦντο οἱ στρατιῶται· καὶ γὰρ τὸ
στυγνὸν τότε φαιδρὸν αὐτοῦ ἐν τοῖς ἄλλοις προσ-
ώποις ἔφασαν φαίνεσθαι καὶ τὸ χαλεπὸν ἐρρωμένον
πρὸς τοὺς πολεμίους ἐδόκει εἶναι, ὥστε σωτήριον
οὐκέτι χαλεπὸν ἐφαίνετο· ὅτε δ᾽ ἔξω τοῦ δεινοῦ γέ- 12
νοιντο καὶ ἐξ-είη πρὸς ἄλλον ἀρξομένους ἀπ-ιέναι, πολλοὶ
αὐτὸν ἀπ-έλειπον· τὸ γὰρ ἐπίχαρι οὐκ εἶχεν, ἀλλ᾽ ἀεὶ
χαλεπὸς ἦν καὶ ὠμός· ὥστε δι-έκειντο πρὸς αὐτὸν οἱ
στρατιῶται ὥσπερ παῖδες πρὸς διδάσκαλον. καὶ γὰρ 13
οὖν φιλίᾳ μὲν καὶ εὐνοίᾳ ἑπομένους οὐδέποτε εἶχεν·
οἵτινες δὲ ἢ ὑπὸ πόλεως τεταγμένοι ἢ ὑπὸ τοῦ δεῖ-
σθαι ἢ ἄλλῃ τινὶ ἀνάγκῃ κατ-εχόμενοι παρ-εῖσαν αὐτῷ,
σφόδρα πειθομένοις ἐχρῆτο. ἐπεὶ δὲ ἄρξαιντο νικᾶν 14
σὺν αὐτῷ τοὺς πολεμίους, ἤδη μεγάλα ἦν τὰ χρησί-
μους ποιοῦντα εἶναι τοὺς σὺν αὐτῷ στρατιώτας· τό τε

γὰρ πρὸς τοὺς πολεμίους θαρραλέως ἔχειν παρ-ῆν καὶ
τὸ τὴν παρ᾽ ἐκείνου τιμωρίαν φοβεῖσθαι εὐτάκτους

15 ἐποίει.   τοιοῦτος μὲν δὴ ἄρχων ἦν· ἄρχεσθαι δὲ ὑπὸ
ἄλλων οὐ μάλα ἐθέλειν ἐλέγετο.   ἦν δὲ ὅτε ἐτελεύτα
ἀμφὶ τὰ πεντήκοντα ἔτη.

16   Πρόξενος δὲ ὁ Βοιώτιος εὐθὺς μὲν μειράκιον ὢν
ἐπ-εθύμει γενέσθαι ἀνὴρ τὰ μεγάλα πράτ-
Proxenus.   τειν ἱκανός· καὶ διὰ ταύτην τὴν ἐπιθυ-
17 μίαν ἔδωκε Γοργίᾳ ἀργύριον τῷ Λεοντίνῳ.   ἐπεὶ δὲ
συν-εγένετο ἐκείνῳ, ἱκανὸς νομίσας ἤδη εἶναι καὶ ἄρχειν
καὶ φίλος ὢν τοῖς πρώτοις μὴ ἡττᾶσθαι εὐεργετῶν,
ἦλθεν εἰς ταύτας τὰς σὺν Κύρῳ πράξεις· καὶ ᾤετο
κτήσεσθαι ἐκ τούτων ὄνομα μέγα καὶ δύναμιν μεγάλην
18 καὶ χρήματα πολλά·   τοσούτων δ᾽ ἐπι-θυμῶν σφόδρα
ἔνδηλον αὖ καὶ τοῦτο εἶχεν ὅτι τούτων οὐδὲν ἂν θέλοι
κτᾶσθαι μετὰ ἀδικίας, ἀλλὰ σὺν τῷ δικαίῳ καὶ καλῷ
ᾤετο δεῖν τούτων τυγχάνειν, ἄνευ δὲ τούτων μή.
19 ἄρχειν δὲ καλῶν μὲν καὶ ἀγαθῶν δυνατὸς ἦν· οὐ
μέντοι οὔτ᾽ αἰδῶ τοῖς στρατιώταις ἑαυτοῦ οὔτε φόβον
ἱκανὸς ἐμ-ποιῆσαι, ἀλλὰ καὶ ᾐσχύνετο μᾶλλον τοὺς
στρατιώτας ἢ οἱ ἀρχόμενοι ἐκεῖνον· καὶ φοβούμενος
μᾶλλον ἦν φανερὸς τὸ ἀπ-εχθάνεσθαι τοῖς στρατιώταις
20 ἢ οἱ στρατιῶται τὸ ἀπιστεῖν ἐκείνῳ.   ᾤετο δὲ ἀρκεῖν
πρὸς τὸ ἀρχικὸν εἶναι καὶ δοκεῖν τὸν μὲν καλῶς
ποιοῦντα ἐπ-αινεῖν, τὸν δὲ ἀδικοῦντα μὴ ἐπ-αινεῖν.
τοιγαροῦν αὐτῷ οἱ μὲν καλοί τε καὶ ἀγαθοὶ τῶν συν-
όντων εὖνοι ησαν, οἱ δὲ ἄδικοι ἐπ-εβούλευον ὡς εὐμετα-
χειρίστῳ ὄντι.   ὅτε δὲ ἀπ-έθνησκεν ἦν ἐτῶν ὡς τριάκοντα.

Μένων δὲ ὁ Θετταλὸς δῆλος ἦν ἐπι-θυμῶν μὲν 21
πλουτεῖν ἰσχυρῶς, ἐπι-θυμῶν δὲ ἄρχειν,
ὅπως πλείω λαμβάνοι, ἐπι-θυμῶν δὲ
τιμᾶσθαι, ἵνα πλείω κερδαίνοι· φίλος τε ἐβούλετο
εἶναι τοῖς μέγιστον δυναμένοις, ἵνα ἀδικῶν μὴ διδοίη
δίκην. ἐπὶ δὲ τὸ κατ-εργάζεσθαι ὧν ἐπι-θυμοίη συντο- 22
μωτάτην ᾤετο ὁδὸν εἶναι διὰ τοῦ ἐπι-ορκεῖν τε καὶ
ψεύδεσθαι καὶ ἐξ-απατᾶν, τὸ δ' ἁπλοῦν καὶ ἀληθὲς τὸ
αὐτὸ τῷ ἠλιθίῳ εἶναι. στέργων δὲ φανερὸς μὲν ἦν 23
οὐδένα, ὅτῳ δὲ φαίη φίλος εἶναι, τούτῳ ἔνδηλος ἐγί-
γνετο ἐπι-βουλεύων. καὶ πολεμίου μὲν οὐδενὸς κατ-
εγέλα, τῶν δὲ συν-όντων πάντων ὡς κατα-γελῶν
ἀεὶ δι-ελέγετο. καὶ τοῖς μὲν τῶν πολεμίων κτήμασιν 24
οὐκ ἐπ-εβούλευε· χαλεπὸν γὰρ ᾤετο εἶναι τὰ τῶν
φυλαττομένων λαμβάνειν· τὰ δὲ τῶν φίλων μόνος
ᾤετο εἰδέναι ῥᾷστον ὂν ἀφύλακτα λαμβάνειν. καὶ 25
ὅσους μὲν αἰσθάνοιτο ἐπιόρκους καὶ ἀδίκους ὡς εὖ
ὡπλισμένους ἐφοβεῖτο, τοῖς δὲ ὁσίοις καὶ ἀλήθειαν
ἀσκοῦσιν ὡς ἀνάνδροις ἐπειρᾶτο χρῆσθαι. ὥσπερ δέ 26
τις ἀγάλλεται ἐπὶ θεοσεβείᾳ καὶ ἀληθείᾳ καὶ δικαιό-
τητι, οὕτω Μένων ἠγάλλετο τῷ ἐξ-απατᾶν δύνασθαι,
τῷ πλάσασθαι ψευδῆ, τῷ φίλους δια-γελᾶν· τὸν δὲ μὴ
πανοῦργον τῶν ἀπαιδεύτων ἀεὶ ἐνόμιζεν εἶναι. καὶ
παρ' οἷς μὲν ἐπ-εχείρει πρωτεύειν φιλίᾳ, δια-βάλλων
τοὺς πρώτους τοῦτο ᾤετο δεῖν κτήσασθαι. τὸ δὲ πει- 27
θομένους τοὺς στρατιώτας παρ-έχεσθαι ἐκ τοῦ συν-αδι-
κεῖν αὐτοῖς ἐμηχανᾶτο. τιμᾶσθαι δὲ καὶ θεραπεύεσθαι
ἠξίου ἐπι-δεικνύμενος ὅτι πλεῖστα δύναιτο καὶ ἐθέλοι

ἂν ἀδικεῖν. εὐεργεσίαν δὲ κατ-έλεγεν, ὁπότε τις αὐτοῦ
ἀφ-ίσταιτο, ὅτι χρώμενος αὐτῷ οὐκ ἀπ-ώλεσεν αὐτόν.

28 καὶ τὰ μὲν δὴ ἀφανῆ ἔξ-εστι περὶ αὐτοῦ ψεύδεσθαι,
ἃ δὲ πάντες ἴσασι τάδ᾽ ἐστί. παρὰ ᾽Αριστίππου μὲν
ἔτι ὡραῖος ὢν στρατηγεῖν δι-επράξατο τῶν ξένων,
᾽Αριαίῳ δὲ βαρβάρῳ ὄντι, ὅτι μειρακίοις καλοῖς ἥδετο,
οἰκειότατος [ἔτι ὡραῖος ὤν] ἐγένετο, αὐτὸς δὲ παιδικὰ

29 εἶχε Θαρύπαν ἀγένειος ὢν γενειῶντα. ἀπο-θνησκόντων
δὲ τῶν συστρατήγων ὅτι ἐστράτευσαν ἐπὶ βασιλέα σὺν
Κύρῳ, ταὐτὰ πεποιηκὼς οὐκ ἀπ-έθανε, μετὰ δὲ τὸν
τῶν ἄλλων θάνατον [στρατηγῶν] τιμωρηθεὶς ὑπὸ βασι-
λέως ἀπ-έθανεν, οὐχ ὥσπερ Κλέαρχος καὶ οἱ ἄλλοι
στρατηγοὶ ἀπο-τμηθέντες τὰς κεφαλάς, ὅσπερ τάχιστος
θάνατος δοκεῖ εἶναι, ἀλλὰ ζῶν αἰκισθεὶς ἐνιαυτὸν ὡς
πονηρὸς λέγεται τῆς τελευτῆς τυχεῖν.

30 ᾽Αγίας δὲ ὁ ᾽Αρκὰς καὶ Σωκράτης ὁ ᾽Αχαιὸς καὶ
Aglas and
Socrates.   τούτω ἀπ-εθανέτην. τούτων δὲ οὔθ᾽ ὡς
ἐν πολέμῳ κακῶν οὐδεὶς κατ-εγέλα οὔτ᾽
εἰς φιλίαν αὐτοὺς ἐμέμφετο. ἤστην δὲ ἄμφω ἀμφὶ τὰ
πέντε καὶ τριάκοντα ἔτη ἀπὸ γενεᾶς.

NOTES.

CHAPTER I.

[The references marked G. and H. are to Goodwin's Elementary Greek Grammar and Hadley's Greek Grammar.]

§ 1. This section is the insertion of the grammarian to whom we owe the division into books, and who probably lived about A.D. 200-300. Κύρῳ—*for Cyrus*, dative of advantage, G. 184. 3. ἄνοδος—what is the force of the compound? ἡ μάχη—viz. Cunaxa: see intr. τὰ πάντα νικᾶν—*that they were victorious over the whole field;* for the acc. cp. the phrase νικᾶν 'Ολύμπια = 'to win the prize at Olympia'; G. 160. The subject of νικᾶν is omitted because it is also the subject of οἰόμενοι. Notice too that νικᾶν here= *to be victorious,* and is almost the equivalent of νενικηκέναι.

§ 2. ἅμα δέ—the δέ connects this section with the last section of the first book. σημανοῦντα—*to tell them* = Lat. *qui nuntiaret.* ἕως and other words meaning *until* are used with the aor. opt. = Lat. *dum* with the imperf. subjunctive; with the aorist indic. when the occurrence of a definite fact is stated, IV. 2. 4 : ταῦτα ἐποίουν μέχρι σκότος ἐγένετο, 'this they continued to do until darkness came on.' συμμίξειαν, this form of the aor. opt. is called the Aeolic and is most usual in the third person.

§ 3. ὄντων—sc. αὐτῶν. ὅτι is here followed by the indic. τέθνηκεν (a more vivid way of putting the news) and also by the opt. εἴη, λέγοι and φαίη, H. § 933. *They reported that Cyrus was dead, but that Ariaeus had fled and was with the rest of the barbarians at the encampment, from which they had started the day before, and said, etc.* ἡμέραν—continuance of time contrasted with ἄλλῃ, a definite point

35

of time. λέγοι, φαίη—sc. Ariaeus. ἀπιέναι—*that he would
retire*, fut. ὅθενπερ ἦλθε—*from whence he had come;* in
Greek temporal and relative clauses the aorist is used
where we use the pluperfect.

§ 4. πυνθανόμενοι—to be taken with οἱ ἄ.῍Ελληνες. Note
the different tense of the two participles. ἀλλ᾿—*well;*
cp. Latin *at*, to introduce a wish or statement abruptly.
βαρέως ἔφερον—Lat. *graviter ferebant*. χαλεπῶς φέρω is used
in a very similar sense I. 3. 3. ὤφελε Κῦρος ζῆν—*O that
C. were alive*, see vocab. s.v. ὀφείλω. νικῶμεν has the same
perfect signification as νικᾶν in § 1. μάχεται depends on
ὅτι. ἐπορευόμεθα ἄν—*we should now have been on our way.*
ἐπαγγέλλομαι takes the fut. inf. like other verbs of 'pro-
mising.' ἐστί with the possessive genitive, *belongs to.*

§ 5. ἐβούλετο—sc. ἀποστέλλεσθαι.

§ 6. ὅπως—*as well as.* κόπτοντες—*by slaying.* The plu-
ral (so also ἐχρῶντο) follows the collective singular στρά-
τευμα. ξύλοις—*as firewood they used the arrows ... and the
wicker-shields.* τῆς φάλαγγος—*from the camp to where the
battle had been fought;* this sense of φάλαγξ is found in
Xen. *Ages.* 2. 15. οὕς is governed by ἐκβάλλειν. [ἐκβάλλειν—
viz. out of the quiver.] τοὺς αὐτομ. π. βασ., governed by
ἠνάγκαζον. τοὺς αὐτομολοῦντας—*those who (from time to
time) deserted from the king*, not *who had deserted*, which
would be αὐτομολήσαντας. φέρεσθαι—*to be carried away* (for
fuel). οἷς πᾶσι—neuter, *all which things.* ἐκείνην τὴν
ἡμέραν—*on the whole of that day.*

§ 7. ἦν δὲ ... εἷς—strictly εἷς δὲ ἦν should have followed
οἱ μέν. αὐτῶν—partitive genitive. Phalinus came from
Zacynthus. τυγχάνω is used with the participle like
λανθάνω, φθάνω, 'escape notice,' 'anticipate,' the participle
containing the main idea; so ἔλαθον προσελθόντες, 'they
approached unnoticed,' φθάνω γενόμενος, *I arrive first*, G.
§ 279. 4, H. 984. προσεποιεῖτο—*he claimed thoroughly to
understand tactics and military exercises.* τῶν—governed
by ἐπιστήμων.

§ 8. ὅτι often in Greek introduces the exact words of
the speaker, and can be omitted in English. ἐπεί—*seeing
that*, causal. τι ἀγαθόν belongs as object both to εὑρίσκε-
σθαι and δύνωνται. ἄν = ἐάν.

§ 9. τοσοῦτον—*this much.* τῶν νικώντων—*it was not for conquerors to,* etc. ἔφη—*he went on to say,* introducing his actual words. ἄνδρες is complimentary, like the French *Messieurs.* ὅτι ἔχετε—sc. ἀποκρίνασθαι. ἥξω—*will be back.* ἐξῃρημένα—*after being taken out.* θυόμενος—*taking the auspices,* lit. *seeing that a sacrifice was performed ;* the 'causal' use of the middle, so διδάσκομαι τὸν υἱόν, 'I get my son taught.'

[Among the signs to be noted in a victim's entrails were their healthiness, and colour.]

§ 10. ὤν—*as being.* ὡς with the present participle, *in the belief that, on the ground that,* hence *as a superior.* ὡς ... δῶρα—*as gifts for friendship's sake.* καὶ οὐ λαβεῖν—dependent on δεῖ : *and (why should not he) come to take them.* ταῦτα—*herein,* a kind of cognate acc. πείσας—*by persuasion.* ἐάν with the aor. subjunctive corresponds to Lat. *si* with the future perfect or perfect subjunctive.

§ 11. πρός—*in answer to.* αὐτῷ—*in rivalry with him,* goes with ἀντιποιεῖται, which takes a gen. of the thing claimed ; this gen. being the same as that after verbs of 'holding,' 'grasping,' 'aiming' and the like: G. § 171. 1. ἑαυτοῦ—*in his power,* gen. of the possessor. ἔχων—(sc. ὑμᾶς) *seeing that he has you ... and is able,* causal participle. ἐν μέσῃ τῇ χώρᾳ—Adjectives which denote 'place,' μέσος, ἔσχατος, stand in this order to express *a part* of the object. Thus μέση ἡ χώρα or ἡ χώρα μέση, the middle of the country, ἡ μέση χώρα, *the middle country (i.e.* between other countries), H. § 671. ὅσον refers back to (τοσοῦτον) πλῆθος, *so great that ...* ποταμῶν—esp. the Tigris and Euphrates. παρέχοι—*give them up to you* (for slaughter).

§ 12. ἔστιν—see 2. 3, note. ὅπλα μέν ... —*we think that if we keep our arms we can make some use of our valour too, but that if we should surrender these we should lose our lives* (lit. *bodies) also.* ἔχοντες = εἰ ἔχομεν, παραδόντες = εἰ παραδοῖμεν ; ἄν goes in each case with the infinitive, H. § 964. σωμάτων—gen. of separation. παραδόσαιεν—supply as subject ἡμᾶς. σύν—*with the help of.*

§ 13. ἐγέλασε—*burst into a laugh,* aorist. ἀλλά—see § 4. φιλοσόφῳ hints that he is theoretical and not practical. ἴσθι—from οἶδα. ὤν—*that you are.* The participle follows

c

verbs of *knowing, remembering, and perceiving*, instead of
ὅτι with a finite verb.   The nominative is used because
the subject of the partic. is the same as that of ἴσθι.   περι-
γενέσθαι ἄν—*could ever get the better of.*   δυνάμεως—
(note the accent) genitive after a word implying 'com-
parison.'

§ 14.   ὡς ... ἐγένοντο—*that they had proved themselves.*
γένοιντο ἄν,—*they would prove.*   ἄλλο τι—*for any other pur-
pose*, in opposition to ἐπ' Αἴγυπτον.   Egypt had B.C. 414
revolted from Dareius, Cyrus' father.   συγκαταστρέψαιντ'
ἄν refers of course more strictly to the second condi-
tional clause, and depends upon λέγειν ὡς.

§ 15.   εἰ—*whether.*   οὗτοι (where you would rather ex-
pect τούτων) stands in 'partitive' apposition with ἄλλος—
these men say, one one thing, another another, H. § 624. d.
τί λέγεις—*what dó you intend?*

§ 16.   οἶμαι δέ—*and so, I imagine, have all the rest.*   καὶ
ἡμᾶς—*and we also are Greeks.*   τοσοῦτοι ὄντες ὅσους—*all
of us whom.*   τοιούτοις πράγμασι—*seeing that we are* (ὄντες,
causal) *in so critical a position.*   περὶ ὧν—by attraction for
περὶ τούτων ἅ.

§ 17.   συμβουλεύω—*give counsel;* -ομαι, *ask counsel.*   ὅ τι
—*as to that which* ; ὅ relative.   ἔπειτα—virtually what part
of speech here?   εἰς τ. ἑ. χρόνον qualify τιμήν.   λεγόμενον
—*if it be reported*, conditional participle.   κελεύσων—*to
command*, cp. σημανοῦντα, § 2. note.   With συμβουλευομένοις
supply αὑτοῖς.   τάδε—*as follows*, G. 148, note 1.   ἀνάγκη (sc.
ἐστίν)—*that whatever counsel you give must needs be reported
in Greece.*   ἃ ἄν = quidquid.

§ 18.   καὶ αὑτόν—*et ipsum.*   ὑποστρέψας—*eluded him,
and contrary to his expectation said.*

§ 19.   μυρίων—*ten thousand*, used as a typical large num-
ber, just as the Latin used 'sescenti'.   ὑμῖν ... πολε-
μοῦντας—The participle is put in the acc., being regarded
as the subject to the infinitive σωθῆναι: *if there is one
single hope in ten thousand for you to get away in safety by
fighting against the king.*   ἄκοντος βασιλέως—*rege invito.*
The gen. abs. without a participle is much rarer than the
like construction in Latin.   Here ἄκοντος almost has the
force (as it has the form) of a participle ; and only with

this word and ἑκών, 'willing,' can the rule be broken, H. § 972. b.

§ 20. ἀλλά—§ 4, note. οἰόμεθα—governs ἄξιοι εἶναι φίλοι (why nominative?) and ἄμεινον ἂν πολεμεῖν. πλείονος— genitive with an adj. of value. φίλους εἶναι—sc. ἡμᾶς.

§ 21. ταῦτα—*the foregoing,* τάδε—*the following.* μένουσι —dat. pl., *if you remain where you are* (αὐτοῦ adv.) *there is truce for you, but if you advance or retreat, war. Say therefore, on this point also, whether you will remain (and so there is truce) or if I am to take an answer from you that there is war.* εἰσὶ and ὡς πολέμου ὄντος are slight divergences from the straightforward construction ἔσονται, ... πόλεμον ὄντα.

§ 22. ταὐτά (=τά αὐτά) with δοκεῖ. ἀπεκρίνατο—This sentence is joined on to the last by no connecting particle: this absence of connecting particle (a-syn-dĕton) is very rare in Greek; it is used here for effect. ἀπιοῦσι—sc. ἡμῖν.

§ 23. ποιήσοι—When alone is the fut. opt. used? G. § 203, note 3.

CHAPTER II.

§ 1. οἱ σὺν αὐτῷ—*and his company.* οἱ δὲ παρὰ ᾿Αριαίου —condensed for οἱ (πρὸς ᾿Αριαῖον ἐλθόντες) παρὰ ᾿Αριαίου ἧκον. Their start is mentioned in 1. 5. Before Προκλῆς supply some such word as *namely.* αὐτοῦ, *there,* is further explained by παρὰ ᾿Αριαίῳ. βελτίους—*of the higher classes.* οὓς ... βασιλεύοντος—*and that these would not endure that he should be king.* A subordinate clause with its verb in the optative would have been a more usual construction than the acc. and inf. in a relative clause. αὐτοῦ βασιλεύοντος—*if he should be king,* gen. abs. εἰ βούλεσθε—change to the direct mode of speech. ἤδη closely qualifies τῆς νυκτός. εἰ δὲ μή—sc. ἥκετε.

§ 2. ἀλλά,—1. 4. χρή—sc. ὑμᾶς. After ἥκωμεν supply οὕτω χρὴ ποιεῖν. Join ὁποῖον ἄν τι μάλιστα ὑμῖν συμφέρειν οἴησθε. τι qualifies ὁποῖον. οὐδὲ τούτοις—*ne his quidem;* he answers them vaguely as he did Phalinus, 1. 23.

§ 3. δύνοντος—so § 14, ἅμα ἡλίῳ δύνοντι, 'at sunset.' θυο-
μένῳ—causal use of the middle; see 1. 9 note. ἐμοί...
ἱερά—*Gentlemen, the victims as I was superintending the
sacrifice did not turn out to be in favour of an advance
against the King.* ἱέναι,—the inf. expressing purpose de-
pends on ἐγίγνετο. Τίγρης—more strictly a canal diverted
from the Tigris. οὐ μὲν δή ... οἷόν τε (sc. ἐστί)—*nor yet
indeed is it* (μέν = μήν) *possible.* ἔστιν is so accented when
it begins a sentence, or when it denotes 'existence' (as
here) or 'possibility,' G. § 28, note 1. τὰ ἐπιτήδεια—acc.
after ἔχειν. ἱέναι depends on καλὰ ἦν, as above on ἐγίγνετο.

§ 4. ἀπιόντας—*on the eve of departing we must sup each
on what he has got,* note the future sense of the participle.
σημήνῃ—the subject is easily supplied, so I. 2. 17, ἐπεὶ
ἐσάλπιγξε, 'when he (the trumpeter) gave the signal'. ὡς
with the inf. here expresses a purpose as ὥστε very
rarely does. ἐπὶ τῷ τρίτῳ—sc. σημείῳ. τὸ ἡγούμενον,
the van guard, [but § 8, Κλέαρχος ... ἡγεῖτο makes it possi-
ble that τῷ ἡγ. here is masculine]. τὰ ὅπλα = τοὺς ὁπλίτας.

§ 5. *Not from choice, but because they saw that he alone
had the ability suitable to a commander, and that the rest
were without experience.* ἑλόμενοι, ὁρῶντες—causal. δεῖ—
sc. φρονεῖν. [Clearchus did not quite justify his position,
as we shall see later on, when Tissaphernes got the
better of him by a palpable deceit.]

§ 6. ἦν—cognate acc. ἦλθον—*had come,* 1. 3, note. τῆς
Ἰωνίας—*in Ionia,* partitive gen. μάχης—*battlefield.* [This
section, as may be seen by its being enclosed in brackets,
is probably spurious. From the computation here given
we gather that an average day's march was $\frac{535}{93}$ parasangs
or $\frac{16050}{93}$ stades, which makes each day's march amount to
nearly 20 miles, which is a high average. The parasang
(see Vocab.) is a measure of time rather than distance.
Again, the distance from Ephesus is too much by nearly
350 miles.]

§ 7. ἐντεῦθεν—*from here,* purely local, with ηὐτομόλησε.
πεζῶν is here an adjective.

§ 8. ἡγεῖτο—*led the van,* usually (as lower down) of
guides, 'lead the way.' τὰ παρηγγελμένα—cp. § 4. θέμενοι
τὰ ὅπλα—see Vocabulary. Perhaps the Greeks were

suspicious of Ariaeus, as they certainly had reason to be. προδώσειν—the future infinitive follows verbs of 'swearing' as in Latin. μήτε ... τε—*not ... but.*

§ **9.** [Some editions insert καὶ λύκον after ταῦρον, but it does not appear in the original text of the best manuscript.] εἰς—*i.e.* so that the blood ran into the shields, the reverse of which was hollow. οἱ μὲν ... οἱ δὲ—partitive apposition, Cp. **1.** 15, note.

§ **10.** ἐγένετο—*had been given,* **1.** 3, note. πότερον can be omitted in translating, G. § 282. 5. ἄπιμεν—sc. τὴν ὁδόν. ἥνπερ—cognate acc. δοκεῖς—*tibi videris.*

§ **11.** ἀπιόντες—*if we should return,* conditional. ὑπό is rarely used of the cause; λιμῷ by itself would be more usual. σταθμῶν—gen. of time. *For in the last* (lit. *nearest) seventeen marches, even on our march hither, we could get nothing out of the country, and where there was anything we used it all up in our passage through.* ἔνθα—relative. μακροτέραν—sc. ὁδόν. ἐπιτηδείων—genitive after a verb denoting 'want.'

§ **12.** πορευτέον—neuter verbal. ἡμῖν—dat. of the agent. σταθμούς—cognate acc. Greek can say equally well ὠφελητέα σοι ἡ πόλις ἐστί, 'the state must be aided by you,' and τὴν πόλιν ὠφελητέον, 'one must aid the state,' G. § 281 f., H. § 988 f. ἀποσπάω—*draw away,* usually transitive, here intransitive. οὐκέτι μή—(with subj.) *certainly will not,* a strong future ; οὐ μή, with the future indicative, expresses a strong prohibition, οὐ μὴ λαλήσεις, *don't chatter,* H. § 1032. στρατεύματι—the dative in Greek is used like the ablative of the instrument in Latin (Caesar, *Bell. Gall.* 1. 53, ' reliquos omnes *equitatu* consecuti nostri interfecerant ') of troops. It is probably a dative of accompaniment, H. § 774. ἔχων—*with.* ἐπιτηδείων, gen. after a verb denoting ' want.'

§ **13.** *Now this kind of strategy amounted to nothing less than flight or retreat ; but fortune proved a nobler strategist.* ἦν δυναμένη—a little more emphatic than ἐδύνατο. ἐν δεξιᾷ ἔχ. τὸν ἥλιον—*keeping the sun on their right ;* this would be at first northwards, and then eastwards as the sun got round to the south. τοῦτο—*herein.*

§ 14. ἔδοξαν—*sibi videbantur*: cp. § 10. τῶν Ἑλλήνων
—*all such Greeks as chanced not to be under arms ran to
them*. τῶν Ἑλλ.—partitive genitive depending on οἱ.
μή—not εἰ, because οἱ μή=εἴ τινες μή. τυγχάνω—with
participle: see 1. 7, note. διότι (= δι' ὅ τι)—a stronger ὅτι.
The clause ἐτύγχανε ... ἐτέτρωτο is a parenthesis.

§ 15. ἐν ᾧ—*while*.

§ 16. ᾔδει—with the participle: see 1. 13, note. ἀπειρηκώς
—see Vocabulary. ἀπαγορεύω, *I grow tired*, occurs in
I. 5. 3. οὐ ... οὐδέ—the repeated negatives strengthen
each other: *he did not however even turn aside*. ἄγων—
leading (the army), used absolutely. καὶ αὐτά—*even the
very* (*timber*), both words lend emphasis.

§ 17. *The first arrivals did after a fashion find quarters,
but the later comers arriving in the dark bivouacked each
man as he could*. ὡς ἐτύγχανον—supply αὐλιζόμενοι.
ὥστε with the indicative expresses the *real* result or con-
sequence, with the infinitive the *natural* consequence;
ὥστε ἀκούειν, *ut audire possent*; ὥστε ἔφυγον, *ut fugerint* =
and so they, etc.

§ 18. ἔτι—with a negative, (*no*) *longer*. καὶ βασιλεύς—
i.e. as well as the Persians who had fled. ἐδήλωσε—*this
he showed by what* (οἷς=ἐκείνοις ἅ) *he did on the following
day*.

§ 19. προϊούσης τ. ν.—*in the course of this night*. οἷον
εἰκὸς (supply ἐστί) γιγν.—*such as is likely to happen*. εἰκός
—*natural, probable*, quite different in sense to ἔοικε of
§ 18.

§ 20. *Clearchus commanded Tolmides of Elis, the best
herald of his time* (lit. *of the then heralds*), *whom he had
with him, after proclaiming silence to announce that the
generals promise that whoever shall give information of the
man who had let the ass loose upon the camp* (τὰ ὅπλα) *shall
receive a talent as reward*. τὸν ὄνον—the allusion must be
to some current joke; it means 'an idle alarm': cp. such
a phrase as ὄνου σκιά ('ass's shadow')='nothing.'

§ 21. σῶ—nom. pl. of σῶς, the Attic form of σώος. τὰ
ὅπλα τίθεσθαι εἰς τάξιν—*to get under arms in rank and file*.
ᾗπερ εἶχον—supply τὴν τάξιν, *exactly as they were standing*.
ἡ μάχη—Cunaxa.

CHAPTER III.

§ 1. δή—'you may remember.' The reference is to 2. 18. τῷδε—by the following fact. πέμπων—supply κήρυκας.

§ 2. τυγχάνω ... ἐπισκοπῶν—see 1. 7, note. εἶπε—told, bade. ἄχρι ἂν σχολάσῃ—until he should be at leisure. The more usual construction (in oratio obliqua after a historic tense) would be ἄχρι σχολάσειε.

§ 3. κατέστησε—had drawn up. ὥστε governs καλῶς ἔχειν and καταφανῆ εἶναι. ὁρᾶσθαι depends on καλῶς ἔχειν: cp. αἰσχρὸς ὁρᾶν, 'disgraceful to behold'; καλῶς ἰδεῖν, 'in a manner delightful to behold.' As subject to καλῶς ἔχειν supply τὸ στράτευμα. φάλαγγα—as a.... ἐκτὸς τῶν ὅπλων —with the exception of the heavy-armed troops; τὰ ὅπλα, see 2. 4, note. ταὐτὰ ἔφρασεν—gave the same command, viz. to advance just as he did.

§ 4. πρός—in the presence of. ἥκοιεν—had come. ἄνδρες—as men (apposition) with full powers. τὰ παρὰ βασιλέως—the messages of the king.

§ 5. ἄριστον—a substantive. οὐδ' (supply ἔστιν) ὁ τολμήσων—nor is there the man who will dare; cp. 4. 5, ὁ ἡγησόμενος οὐδεὶς ἔσται. μὴ πορίσας—unless he has provided, hence μή and not οὐ.

§ 6. ἧκον—were back again. ᾧ—from which (it was evident). ταῦτα πράττειν—carry on these negotiations. ἔλεγον—viz. the messengers. δοκοῖεν—viz. the Greeks. ἥκοιεν—viz. the Persian messengers. ἄξουσιν ἔνθεν— would bring them (to a place) from which they would get supplies.

§ 7. ἠρώτα—he went on to ask. αὐτοῖς comes to mean only. Clearchus was evidently afraid of treachery. ἰοῦσι καὶ ἀπιοῦσιν—on their way there and back. σπένδοιτο— ὁ βασιλεύς. The direct words would be σπένδεται ... ἢ ἔσται.

§ 8. μεταστησάμενος—wherein lies the force of the middle in this word? ἐδόκει—viz. τοῖς βουλευομένοις. ἐπὶ —after, in order to get. λαβεῖν—supply αὐτά.

§ 9. δοκεῖ μέν—μέν is answered by μέντοι. ταχύ γε— immediately. ἔστ' ἄν—until the messengers are alarmed lest we decide not to make the truce. ἀπό in composition has sometimes a negative force, so ἀπ-αγορεύω, ἀπ-ειρηκώς,

2. 16; ἀπο-ψηφίζομαι, 'vote *no*'; ἀπο-μάχομαι, 'decline a battle.' καιρός—*the right moment*. ὅτι σπένδοιτο—*that he was ready to make the truce*. ἐκέλευε—supply τοὺς ἀγγέλους. ἡγεῖσθαι—*show them the way*.

§ 10.—μέν—again answered by μέντοι. ποιησάμενος ... τὸ δέ—*though he had ... yet*. ὡς—*so that*, =the more usual ὥστε, G. § 266, note 1. ἐποιοῦντο—*these they proceeded to make*.

§ 11. ἦν—*one might*. Κλ. καταμαθεῖν ὡς = καταμαθεῖν ὡς Κλέαρχος. The Greek makes what in our idiom is the subject of the subordinate sentence the object of the principal sentence: cp. 'We know *thee* who thou art.' βακτηρίᾱ—*a cane*, a Spartan fashion: cf. Thuc. viii. 84, (Astyochus, the Spartan admiral), 'Went so far as to raise his cane (τὴν βακτηρίαν) against Dorieus.' This was not an official badge like the Roman centurion's *vitis*. Join τις τῶν π. τ. τεταγμένων. εἰ—*whenever*. ἔπαισεν ἄν —*he would strike him*; the aorist with ἄν expressing repeated action, as in I. 9. 19: ἀφείλετο ἄν, 'he would (not) take it away,' H. § 835 a. [This must be carefully distinguished from the conditional use of the aorist indicative with ἄν in which case ἔπαισεν ἄν = 'would *have* struck.'] τὸν ἐπιτήδειον, *i.e.*, the man who deserved to be struck. μὴ οὐ. The οὐ is inserted because αἰσχύνη contains a *negative* idea, H. § 1034.

§ 12. οἱ εἰς τ. ἔτη γ.—*those who were thirty years old and under*. The subject of ἑώρων is οἱ πρεσβύτεροι.

§ 13. *Because he regarded as suspicious the mere fact that the trenches were full of water*. The artificial irrigation took place in the early summer, whereas it was now autumn. ἀλλ' ἵνα—*but he suspected that the king had let out the water over the plain (with this intention) that at the very outset*.

§ 14. ὅθεν—with λαμβάνειν. ἀπέδειξαν—with the infinitive, as εἶπε in § 2. φοινίκων—genitive of material.

§ 15. αὗται—in opposition to the ὄξος made from them. ἔστιν ἰδεῖν—*one may see*. ἐν τοῖς Ἕλλησιν—*in Greece*. τοῖς οἰκέταις—dative of advantage. ἀπέκειντο—serves as pluperfect passive of ἀποτίθημι. τοῦ κάλλους—*from their size*, causal genitive. ἠλέκτρου—*from (the appearance of)* *amber*, an elliptical phrase. ἦν—supply as subject 'the sweet meat.' καὶ παρὰ πότον—*etiam inter pocula.*

§ 16. ὅθεν ἐξαιρεθείη—*any palm from which ... was extracted*, the optative of repeated action. ἀναίνετο—note the omission of the augment. When the vowel succeeding the diphthong is already long by nature, a verb beginning with a diphthong as a rule takes no augment: see Rutherford, *New Phrynichus*, p. 245.

§ 17. γυναικός—Statira, by name. ἐπόντο (quasi ἐέποντο).

§ 18. γείτων. The satrapy of Tissaphernes included authority over the Ionic Greeks along the coast of Asia Minor. πολλὰ καὶ ἀμήχανα—*many unsurmountable difficulties*, in Lat., *multas et magnas difficultates.* In English we do not scruple to join two adjectives together and omit the 'and,' but neither Greek nor Latin can do this. ἐποιησάμην—'There is something so eminently self-affecting about mental actions as opposed to bodily that we are not surprised to find the use of the middle extended to these.' ποιεῖν, '*make*'; ποιοῦμαι, *estimate, regard;* τίθημι, *put;* τίθεμαι, *consider.* Sidgwick's *Greek Prose Composition*, p. 92. αἰτήσασθαι depends on δυναίμην, δοῦναι on αἰτήσασθαι, ἀποσῶσαι on δοῦναι. ἀποσῶσαι εἰς —*save (and bring) you into,* the 'constructio praegnans.' Cp. H. § 788.

§ 19. The first ὅτι = *that;* the next, *because.* δικαίως— emphatic. ἤγγειλα. The fact is narrated in book 1. 2. 4. ἐπιστρατεύοντα—*that C. was marching against him.* Verbs which imply 'perception' or 'sensation' are regularly followed by a participle instead of the infinitive or ὅτι: cp. **1.** 13, note. ἔχων—*with.* μόνος ... ἔφυγον—*was the only one of those drawn up against the Greeks who did not run away,* viz., at Cunaxa. διήλασα—The story is told in 1. 10. 7. ἔνθα—*whither.*

§ 20. ὑπέσχετο—with the future inf., the regular construction of verbs of hoping and promising, **1.** 4, note. Join ἐκέλευέ με ἐλθόντα ἐρέσθαι ὑμᾶς. τίνος ἕνεκεν—*with what intent;* διὰ τί would = 'on what grounds.'

§ 21. μεταστάντες—*retired;* contrast the meaning of μεταστησάμενος in § 8. ἔλεγε—*was spokesman.* ὡς πολεμήσοντες—*with the intention of warring.* βασιλεῖ—*against the king,* dative of disadvantage. [Cyrus had given out that his expedition was for the suppression of the Pisidian brigands, and his real object had only leaked out by degrees.] οὔτε ἐπορευόμεθα—*nor were we on our way.*

§ 22, ἑωρῶμεν ὄντα—See notes, § 19, 1. 13. ᾐσχύνθημεν θεούς—See αἰσχύνομαι in vocab.: cp. 5. 39; 6. 19. εὖ ποιεῖν—*to do him service,* the infinitive expresses purpose.

§ 23. ἐπεί—*since.* The apodosis begins at οὔτε. ἀντιποιούμεθα—See 1. 11 note. ἔστιν ὅτου ἕνεκα—*is there any reason why;* note the accent of ἔστιν. ἀμύνασθαι—What would the active mean? ἀδικοῦντα = ἐὰν ἀδικῇ. καὶ (εὖ) —*even,* i.e., *on the other hand.* τούτου—genitive, because ἡττάομαι implies comparison. ποιοῦντες—*in doing.* For the sentiment compare the saying of Isocrates (an Athenian rhetorician and orator, flourished B.C. 400): 'Look upon it as equally disgraceful to be beaten by your enemies in doing harm, and to be surpassed by your friends in doing kind actions.'

§ 24. μέχρι ἄν—*until,* G. § 239.

§ 25. εἰς—*by (the next day),* lit., *up to (and including it):* cp. 1. 7. 1, ἐδόκει εἰς τὴν ἐπιοῦσαν ἕω ('on the next morning') ἥξειν βασιλέα. ὥστε—*and so,* 2. 17, note, Construe ἔλεγεν ὅτι ἥκοι διαπεπραγμένος παρὰ βασιλέως δοθῆναι. σώζειν depends on δοθῆναι; cp. § 18. καίπερ—with the participle is translated into English by *although* and a finite verb. ἄξιον β.—*right for the king to,* etc.

§ 26. τέλος—an adverbial acc. Others of the kind are χάριν, 'for the sake of,' ἀρχήν (with a negative), 'at all,' πρῶτον, 'at first.' προῖκα—'gratis.' πιστά—*security, pledges,* followed by the accusative and infinitive, (ἡμᾶς) παρέξειν καὶ ἀπάξειν. φιλίαν—*as friendly.* ᾖ—*it is possible.*

§ 27. Join δεήσει ὑμᾶς ἡμῖν ὀμόσαι πορεύεσθαι. διὰ φιλίας —supply χώρας. ἕξειν depends on ὀμόσαι, 2. 8, note. ὠνουμένους—*by buying for money.*

§ 28. ἔδοξε—*was agreed upon.*

§ 29. ὡς βασιλέα—*to the king.* ὡς is the one improper preposition which does not govern the genitive; originally used with prepositions, such as εἰς and πρός, the preposition was then left out, and ὡς regarded as a preposition. It is only used with names of people : [cp. Jebb on Sophocles, *O. T.* 1481].

CHAPTER IV.

§ 1. ἀναγκαῖοι—*relations* (*necessarii*). τοὺς σὺν ἐκείνῳ —*his companions.* δεξιάς—*assurances,* followed by the fut. inf. as a verb of promising, as in **3.** 26 ; G. § 203, note 2. αὐτοῖς—dative of disadvantage. τῆς ἐπιστρατείας —causal genitive. τὰ παροιχόμενα—see Vocab.

§ 2. ἔνδηλοι ἦσαν—*evidently paid less attention.* οἱ περὶ Ἀριαῖον—*Ariaeus and his staff.* ὥστε with inf. introduces the result. τοῖς μὲν πολλοῖς—answered by Κλέαρχος δὲ, § 5. προσιόντες—namely οἱ πολλοί.

§ 3. ἤ—*or,* Lat. *an,* introducing the second part of an alternative question, the former part being only implied. ἂν—with ποιήσαιτο. ὑπάγεται—*is enticing.* διὰ τὸ διεσπάρθαι τὸ σ.—*because his army is...,* G. § 262. 1. αὐτῷ—cp. **1.** 1, Κύρῳ. οὐκ ἔστιν ὅπως οὐκ = *of a certainty.*

§ 4. τι—*some point.* ὡς—*in order that.* εἴη—because the presents are historical. τοσοίδε—*so few,* lit. (*only*) *so many.*

§ 5. ἐπὶ πολέμῳ—*with a view to war,* virtually = πολεμήσοντες : cp. § 8, ἐπὶ γάμῳ. οὐδὲ—supply παρέξει. ὅθεν—(*villages*) *from which to get provisions.* ἅμα and μεταξύ with the participle denote that the action of the principal verb (ἀποσταίη ἂν) is contemporaneous with that of the participle (ποιούντων). ποιούντων ἡμῶν—gen. abs. ἀποσταίη ἂν—supply ἡμῶν. [Some editors read ἀφεστήξει, which is the future-perfect active of ἀφ-ίστημι. The only other verb which has this form is θνήσκω, τεθνήξω. In other verbs this is expressed by ἔσομαι with the perfect participle, H. § 467.] ὄντες—supply φίλοι.

§ 6. εἰ—*whether,* depending on οὐκ οἶδα. τις καὶ ἄλλος —*yet another,* with reference to the following Εὐφράτην. δ' οὖν—*at all events ; anyhow ; however that may be.* τὸν Εὐφράτην ἴσμεν ὅτι—*we know that the Euphrates, or of the Euphrates we know that:* cp. **3.** 11, note. ἂν δέῃ—*if* (virtually = *whenever*) *it is necessary.* ὥστε—*and so,* **2.** 17, note. νικῶντες = εἰ νικῷημεν. . ἡττωμένων—if we should be conquered, gen. absolute, with omission of the subject ἡμων. οὐδένα οἷόν τε σ.—it would be impossible for a single man to be saved.

§ 7. Join ἐγὼ μὲν οὖν οὐκ οἶδα ὅ τι (why) δεῖ βασιλέα ὀμόσαι. The real subject to ὀμόσαι is βασιλέα, but αὐτός is inserted to make things clearer. We may translate—as for the king, I do not know why he, etc. σύμμαχα—helps. ἐπιορκῆσαι—swear falsely by, is followed by the acc. on the principle of ὄμνυμι θεούς, 'swear by the gods,' G. § 158, note 2.

§ 8. After Ὀρόντας some words have fallen out saying who he was, he being here mentioned for the first time. He was satrap of Armenia. ὡς—as if (going away), gives his professed reason without either saying or denying that it was his real reason. οἶκον—Caria. ἦγε—supply Ὀρόντας. ἐπὶ γάμῳ—in marriage, i.e. as wife.

§ 10. αὐτοὶ ἐφ' ἑαυτῶν—alone by themselves, 3. 7, note. ἐστρατοπεδεύοντο—viz. both Greeks and Persians. καὶ—in our idiom or. Before πολεμίους supply φυλαττόμενοι—just as (if they were on their guard against enemies). The acc. after φυλαττόμενοι is not unlike that after αἰσχύνομαι, 3. 22.

§ 11. τοῦ αὐτοῦ—the same place.

§ 12. τρεῖς σταθμούς—dating from the very beginning of the retreat under guidance of Ariaeus, otherwise the measurement of the wall is wrong. καλούμενον—so called; as it is called; it was really in Babylonia, built to exclude the Medes. εἴσω—i.e. to the south of it; see Map. ἀσφάλτῳ—cp. Genesis xi. 3, (The builders of the tower of Babel) 'had brick for stone, and slime (margin 'bitumen') for mortar.' ποδῶν—genitive of measure (=extent, duration, value), H. § 729 d. εὖρος, ὕψος, μῆκος—in breadth, etc., accusatives.

§ 13. ἐζευγμένην—causal, as being bridged over, i.e. there were pontoons. ἦσαν—ran, from εἰμί, sum. ὥσπερ—supply κατατέτμηνται.

§ 14. δένδρων depends on παραδείσου, δασύς (= 'thickly covered with') is followed by the dative, here simply thickly wooded. οἱ δὲ βάρβαροι—supply ἐσκήνησαν.

§ 15. τὰ ὅπλα=*castra*, as in 2. 20; strictly the place in front of the camp where the arms were piled. καὶ ταῦτα—*and this too though he was.*

§ 16. ὅτι introducing the exact words can be omitted as at 1. 8. ὄντες has the force of a past tense with πιστοί, of a present with εὖνοι, *as they were ... as they are.* μὴ—*lest*, final.

§ 17. ὡς διανοεῖται—*since*, causal ; ὡς διαβῆτε—*in order that.* Join ἐν μέσῳ τοῦ ποταμοῦ, etc.

§ 18. ἐταράχθη—*was thrown into great alarm*, aorist.

§ 19. *That the rumours as to the intended attack and the breaking down the bridge were not consistent with each other.* Note the omission of τό before λύσειν, and the force of the future infinitive. δῆλον γ.—transition to direct speech. Supply αὐτούς as subject to νικᾶν. οὐδὲ γὰρ ἄν (=ἐάν)—*for even if there are many bridges we shall not have any place to escape to and so save ourselves.* σωθῶμεν—because ἔχοιμεν ἄν is virtually future.

§ 20. ὅποι φύγωσιν—*any place to which to escape.* οὐδὲ μήν—*and further, though there are many on the other side, not a man will be able to aid them.* οὐδὲ ... οὐδείς—heaping up of negatives in the Greek style, 2. 16, note.

§ 21. πόση τις—*about how large.* ὅτι—used as in § 16. πολλαὶ καὶ μεγάλαι—see 3. 18, note.

§ 22. ἐγνώσθη—*it was recognised.* ὑποπέμψειαν—*had sent in a false character (with sinister intent).* Join ὀκνοῦντες μὴ μείνειαν. οὔσης—*seeing that it was*, 1. 16, note. τῶν ἐργασομένων ἐνόντων—*seeing that there were men in it to cultivate it.* εἴ τις—*in case any one* (i.e. *for any who*) *might wish.*

§ 23. μέντοι ... ὅμως—*however (though they saw through the specious words of § 16) nevertheless.* οὔτε οὐδεὶς οὐδαμόθεν—heaping up of negatives, § 20, note. ἀπήγγελλον —*(afterwards) reported.*

§ 24. ἐζευγμένην—see Vocab. ὡς οἷόν τε (supply ἦν) μάλιστα—*as ... as possible.* τῶν παρὰ Τισσαφέρνους—a condensed form of expression, equivalent to τινες τῶν (παρὰ Τισσαφέρνει ἐξήγγελλον) παρὰ Τισσαφέρνους. διαβαινόντων— supply αὐτῶν, *while they were crossing.* We should rather have expected the dative after ἐπιθήσεσθαι. σκοπῶν—participle, *to see whether*. εἶδον—viz. that they had crossed.

§ **25.** πρὸς ᾗ—*near which;* why accusative? ὡς—with the future participle, **3.** 21, **4.** 8, note. στήσας—contrast the meaning of ἐφιστάμενος in § 26. παρερχόμενος—a rare form in Attic, its place being supplied by παριών. [Cp. Rutherford, *New Phrynichus*, § xxvii., pp. 103 ff.]

§ **26.** εἰς δύο—*two abreast.* ὅσον δ'—*for so long a time as he halted the van of his army, just so long was it necessary.* ἄν ought probably to be omitted, being out of place with the iterative optative in an indefinite relative clause. ὥστε—with the infinitive, where we should have rather expected the indicative : see **2.** 17, note.

§ **27.** ἐρήμους—*uninhabited.* ἐπ-εγγελῶν—ἐπί = *into the bargain, besides.* Join ἐπέτρεψε ταύτην τοῖς Ἕλλησιν. διαρπάσαι—(*for them*) *to plunder it,* the infinitive expressing purpose. πλὴν ἀνδραπόδων—i.e. except that the inhabitants were not to be made slaves.

§ **28.** ὄνομα—*by name.*

CHAPTER V.

§ **1.** εὖρος, πλέθρων—see **4.** 12, note.

§ **2.** εἰ—*to see if,* dependent on συγγενέσθαι. πρὶν γενέσθαι—G. § 274. ἐροῦντα—*to say.* ἐκέλευεν ἥκειν—supply αὐτόν.

§ **3.** Τισσαφέρνη—irregular vocative, as if of the -α declension. Proper names in -ης belonging to the 3rd declension often have in like manner an acc. in -ην, G. § 60. μὴ ἀδικήσειν depends on the phrase ὅρκους γεγενημένους κ. δεξιὰς δεδομένας, on the analogy of verbs of 'promising' and 'swearing,' **2.** 8, note. φυλαττόμενον—*and I see you are on your guard against us* (**4.** 10, note) *as against an enemy.* The participle is regularly used, instead of a subordinate clause, with verbs of 'seeing,' G. § 280, just as after one of 'knowing': see οἶδα γεγενημένους above, **1.** 13, **2.** 16, notes.

§. **4.** οὔτε ... τε—*not only not ... but also.* σκοπῶν—*although on the watch,* concessive. οὐδέ—*on our part ... not even.* ἀλλήλων—after ἐξέλοιμεν, G. § 174.

§ **5.** ἐκ—*in consequence of.* οἶδα—*I know men ere this who, some ... in mutual fear, being anxious to anticipate injury, did irremediable mischief to those,* etc. οἱ φοβηθέντες—an anacoluthon, or sudden change of construction. The sentence, if it went on as it began, would run φοβηθέντας ... βουλομένους ... ποιήσαντας (cp. § 3, ὅρκους γεγενημένους), but to avoid the accumulation of participles the clause οἱ ... ἐποίησαν is inserted. βουλόμενοι—causal. παθεῖν—supply κακά from the following ἀνήκεστα κακά. ποιεῖν κακὰ τούς—double acc., G. § 159, note 2. μέλλοντας—*who neither intend.* βουλομένους ἂν—*would consent to.*

§ **6.** νομίζων—*being of opinion,* causal. παύεσθαι ἂν—*could be best brought to an end.*

§ **7.** θεῶν—*by the gods,* objective genitive. The article is usually added to the genitive, if the word on which the genitive depends has the article, e.g., τὸ τῆς ἀρετῆς κάλλος, but ἀρετῆς κάλλος. It can be omitted when the genitive is a proper name, and with θεῶν, βροτῶν, etc. [Jebb on Sophocles, *Electra* 1349.] εἶναι—μὴ εἶναι is more usual after κωλύω. τούτων = τῶν ὅρκων, governed by παρημεληκώς. τὸν γὰρ θεῶν—*for I do not know with what speed one could fly so as to escape the enmity* (lit., *war*) *of the gods ... nor how he could withdraw to a strong place,* i.e., strong enough to protect him from them. πάντων—masculine.

§ **8.** παρ' οὕς (acc. because of the underlying idea of motion), *with whom we deposited the friendship we had formed* (lit., *after having formed it*). τῶν ἀνθρωπίνων—neuter. Join νομίζω σε εἶναι ἐν τῷ παρόντι (*at the present crisis*) μέγιστον ἀγ. τ. ἀνθρ.

§ **9.** πᾶσα ὁδός—*every road.* πᾶσα ἡ ὁδός—*all the road.* διὰ σκότους—*in the dark.* Join οὐδὲν αὐτῆς—*no part of it,* (of the road). φοβερώτατον—G. § 138, note 2 c.

§ **10.** ἄλλο τι ἤ—*should we be doing anything but,* i.e. *would it not amount to?* ἔφεδρον—See Vocabulary. οἵων—*how fair.*

§ **11.** νομίζων—causal. τῶν τότε—*the men of his time, his contemporaries.* An adverb with the article thus placed = an adjective, G. § 141, note 3. **ἔχοντα, σώζοντα, οὖσαν,** G. § 280. **ἐχρῆτο**—*found;* for contraction into -η cp. ξῆν, 1. 4. **ταύτην** merely repeats τὴν δύναμιν, and can be omitted in translating.

§ **12. τούτων ὄντων**—*since this is so,* causal. **οὕτω ... ὅστις**—*so ... that,* we should rather expect ὥστε: cp. Scott, *Lay of the Last Minstrel,* Canto vi., 'Breathes there the man with soul *so* dead, *Who* never to himself hath said?' **ἀλλὰ μήν**—an anacoluthon (§ 5, note); some such words as these being omitted, 'We can be of great service to you.' **ἔχω ἐλπίδας** takes the regular acc. and inf. (σε βουλήσεσθαι) of verbs of 'hoping.'

§ **13. ἂν παρασχεῖν**—*I could render:* cp. ἂν παῦσαι, below. **Πισίδας**—supply λυπηροὺς ὄντας. **τοιαῦτα,** viz., λυπηρὰ ὑμῖν. **εἶναι**—An inf. follows ἀκούω when it means 'hear of.' **Αἰγυπτίους δέ**—*and I do not see with* (lit. *using*) *what force you can chastise the Egyptians, against whom I know that you are just now especially incensed, better than with that which is now with me.* **τῆς οὔσης**= ἢ τῇ οὔσῃ (governed by χρησάμενος), a very unusual usage.

§ **14. ὡς μέγιστος** (φίλος)—*the very greatest, quam maximus:* cp. the force of ὅτι with the superlative. **ἔχων**—*if you had.* **σωθέντες**—*for having been saved,* causal.

§ **15.** Join **οὕτω θαυμαστόν**—*so wonderful.* **τὸ ... ἀπιστεῖν**—*the fact of your mistrusting us,* is subject to δοκεῖ. **τὸ ὄνομα τίς**—A mixture of a relative sentence, τὸ ὄνομα ὅστις, with an interrogative one, ἥδιστ' ἂν ἀκούσαιμι τίς. **ὥστε**—*that he could persuade you,* 2. 17, note. **ἀπημείφθη** —*answered,* not elsewhere in Attic.

§ **16. ἀλλά**—See 1. 4, note. **σου**—*from you,* notice double construction of ἀκούω. **γιγνώσκων**—*if in spite of this conviction,* concession. **ἄν**—with εἶναι; observe the mixed form of conditional sentence, H. § 901. **δοκεῖς**—*it seems to me that you would be,* the Greek preferring the personal construction. **ὡς ἂν μάθῃς**—*that so* (if you like), ἄν with the subjunctive in final clause is a very rare usage.

§ **17. εἰ ἐβουλόμεθα**—*if we wished.* **ἱππέων, πεζῶν, ὁπλίσεως** depend on πλήθους. **ἐν ᾗ**—*whereby.* **οὐδεὶς κ.**—supply εἴη ἄν, *without there being any danger of.*

§ 18. ἀλλά—*or does it seem to you that we should be without places suitable for attacking you.* οὐ in a question =*nonne?* πεδία—after ὁρᾶτε. ἃ ... διαπορεύεσθε—*though they are friendly you can cross only with great difficulty.* τοσαῦτα δέ—*and that such high mountains must be crossed by you.* προκαταλαβοῦσιν (agrees with ἡμῖν)—*by seizing them before you.* τοσοῦτοι δ' εἰσι—supply οὐ, *and are there not*, etc. ὁπόσοις ἂν ὑμῶν—*with how many of you* (at a time). εἰσὶν οὕς—*some*; cp. Lat. *sunt quos.* αὐτῶν—*of the rivers.* διαπορεύω—here only found, its place being supplied by διαβιβάζω.

§ 19. εἰ—*granted that.* ἀλλά—*yet, still.* κρείττων—*is master*, i.e. *can destroy.* ὅν—*by burning* (causal participle) *this, we should have it in our power to bring hunger into the field to face you, an enemy which you could not resist however brave you might be.*

§ 20. μηδένα (not οὐδένα), because ἔχοντες is conditional =εἰ ἔχομεν. ἔπειτα—*under such circumstances.* πάντων —supply τῶν τρόπων. πρός—*in the eyes of.*

§ 21. ἐστί—*with the genitive, it is characteristic of*, G. § 169, 1. καὶ τούτων—*and these too.* οἵτινες ἑ.—*One would expect after* ἀπόρων ἐστὶ τὸ ἐθέλειν, *to determine to do anything...* So at § 12, ὅστις οὐ βούλεται = ὥστε μὴ βούλεσθαι.

§ 22. ἐξόν—*when it is in our power*, acc. absolute, G. § 278, 2. ὑμᾶς—governed by ἀπολέσαι. ἤλθομεν ἐπί— *proceeded to do*, Lat., *conati sumus.* τούτου—*of this*, viz., ' *of our not proceeding to do it.*' τὸ ... ἰσχυρόν—*the cause of all this is my desire to win the trust of the Greeks, and (secondly) to go down to the coast supported, on account of* (i.e., *in return for*) *my good services, by this mercenary force, in reliance upon which because of the pay he gave them Cyrus marched up country.* The infinitives γενέσθαι and καταβῆναι are explanatory of ἔρως. ᾧ ξενικῷ —governed by πιστεύων. τούτῳ—dative of accompaniment, *with this.*

§ 23. ὅσα—*to what extent*, with χρήσιμοι. τὴν ἐπὶ τῇ καρδίᾳ (τιάραν), i.e., aiming at royal power and prerogatives : *the tiara in the heart another perchance might very well wear erect if you lend your aid.* Tissaphernes of course means himself, and is merely trying to blind

D

Clearchus to his real plan. ἔχοι—sc. ὀρθήν φέρειν. ἀληθῆ —the truth.

§ 24. εἶπεν, viz., Clearchus. οὐκοῦν ἄξιοί εἰσι—do they not then ... deserve? τοιούτων ὑπαρχόντων—when such solid grounds exist. διαβάλλοντες—by calumny. παθεῖν— G. § 261, 1.

§ 25. στρατηγοί, λοχαγοί—in apposition to the subject of βούλεσθε. λέξω—will name. σοί (accented because emphatic). αὖ—to you in turn.

§ 26. ὅθεν—from whom.

§ 27. ἐκ—in consequence of, as at § 5. φιλοφρονούμενος —courteously. ἐποιήσατο—made him his guest. [Why is his necessary?] δῆλος ἦν οἰόμενος—evidently thought, G. § 280, note 1. διακεῖσθαι—that he was on very good terms with, i.e., that T. was well disposed towards him. ἐκεῖνος —subject to ἔλεγεν. ἐκέλευσε—supply ἰέναι. He said that those whom T. requested to go ought to go to Tissaphernes. οἳ ἄν—all those Greeks who. τιμωρηθῆναι—after χρῆναι. αὐτούς is added for emphasis, instead of the usual τούτους.

§ 28. αὐτῷ—Clearchus. λαβών—having won over. ᾗ —in a final clause after the imperfect ὑπώπτευε, where the optative would be more regular.

§ 29. μή—urging that ... should not go.

§ 30. ἔστε—until, G. § 239, 1. ὡς εἰς ἀγοράν, i.e., unarmed.

§ 31. θύραις—quarters.

§ 32. ἀπό—at. οἱ ἔνδον, οἱ ἔξω—those who were inside, those who were outside. Note the change of tense in συνελαμβάνοντο and κατεκόπησαν. πάντας is antecedent to ᾧτινι, as at I. 1. 5, ὅστις ἀφικνοῖτο πάντας ἀπεπέμπετο.

§ 33. τὴν ἱππασίαν—governed by ὁρῶντες. ἐθαύμαζον ὁρῶντες—were surprised to see. ἠμφ-εγνόουν—double augment, G. § 105, note 3. So ἀν-έχομαι, ἠν-ειχόμην: ἀν-ορθόω, ἠν-ώρθουν. πρίν—until.

§ 34. αὐτούς—the principals.

§ 35. οἱ δέ—and they. ἦσαν—had been.

§ 36. εἴ τις ... εἴη—*whatever ... there was.* ἀπαγγείλωσι
—subj. instead of optative.

§ 37. φυλαττόμενοι—*with great caution, on their guard.*
τῶν Ἑλλήνων—partitive genitive dependent on the proper
names. τὰ περὶ—*the fate of.* ἄλλους—other generals and
captains.

§ 38. ἔστησαν—strong, aorist. The full phrase would
be ἐλθόντες εἰς ἑ. ἔστησαν. [Which tenses of ἵστημι are
transitive?] ἐπεὶ—*since, inasmuch as.* ἐπιορκῶν, λύων
with ἐφάνη : *clearly committed perjury and broke the truce.*
αὐτοῦ—with τὴν ἐπιβουλήν. ἀπαιτέω—*demand as due,*
takes a double acc., like other verbs of 'asking,' G. § 164.
ἑαυτοῦ—*his.* εἶναι—supply τὰ ὅπλα. ἐπείπερ—*seeing that
they belonged to.*

§ 39. οἱ ἄλλοι ὅσοι—*all you others who.* οὐκ ;—*nonne.*
αἰσχύνομαι—with acc., 3. 22. note, after swearing.
οἵτινες—causal, *seeing that you betrayed ... and have de-
stroyed.* ἡμῖν—with ὀμόσαντες, and must be supplied with
τοὺς αὐτούς. τοὺς ἄλλους ἡμᾶς—*the rest of us.*

§ 40. γὰρ (*this we have not done*) *for it became evident
that C.* φανερός—with participle, G. § 280, note 1.

§ 41. ἐπὶ τούτοις—*hereupon.* ὄντες—*as they are* (viz.,
from your own account).

CHAPTER VI.

§ 1. ὡς, 3. 29. note. τὰς κεφαλὰς ἀποτέτμηνται—for
the acc. after a passive see G. § 197, note, and for the
imitations of the usage in Latin (e.g., 'volucres perculsae
corda tua vi,' Lucretius), Roby, § 1126. ἐκ—*on the part
of.* ἐμπείρως αὐτοῦ ἐχόντων = αὐτοῦ ἐμπείρων.

§ 2. πόλεμος—the Peloponnesian war, between Athens
and her allies against Sparta and her allies, B.C. 431-404
(when Athens was taken). παρέμενεν—*he was steadfast* (*in
war*). Note the various uses of ὡς in this section.

§ 3. ἔξω ὄντος—genitive absolute, when we should
rather expect the accusative agreeing with αὐτόν. Ἰσθμοῦ
—viz., of Corinth, too well known to need the article.

§ 4. ἄλλη—This promise is not fulfilled. μυρίους δαρεικούς—in reckoning up this amount remember the altered price of money.

§ 5. Cp. Clearchus' own words, I. 3. 3. (Κῦρος) μυρίους ἔδωκε δαρεικούς, οὓς ἐγὼ λαβὼν οὐκ εἰς τὸ ἴδιον κατεθέμην ἐμοὶ ἀλλ' οὐδὲ καθηδυπάθησα. ἀπὸ τούτου—from this time. πολεμῶν διεγένετο—continued to war.

§ 6. ὅστις αἱρεῖται—We should rather have expected the infinitive αἱρεῖσθαι : see 5. 12 and 21, notes. ἐξόν—5. 22, note. ὥστε πολεμεῖν—so that it be for war=ea condicione ut. ἀκινδύνως—with ἔχειν.

§ 7. ταύτη—in this respect, explained by ὅτι. ἄγων—i.e., ready to lead.

§ 8. ἐκ καὶ ... δέ—and further, considering the nature of the temper which he had. καί—before ἐκεῖνος, perhaps which he certainly had. ἡ στρατιὰ αὐτῷ—his army.

§ 9. ἐκ τοῦ εἶναι—by being. χαλεπός—G. § 136. 3. ὀργῇ—in anger, virtually an adverb. ὡς—with the infinitive=ὥστε. καὶ ... μεταμέλειν—so that even he himself sometimes repented (his harshness).

§ 10. For he thought there was no good in (lit. no benefit of) an undisciplined army. εἰ μέλλοι—if he intended. φυλακάς—from φυλακή. ἀφέξεσθαι—avoid injuring.

§ 11. ἀκούειν—obey, with a genitive, owing to the comparative idea. σφόδρα—implicitly. αὐτοῦ—with τὸ στυγνόν. ἐν τοῖς ἄλλοις προσώποις—bright among (i.e. in comparison with) the other faces (i.e. the faces of those who were round him).

§ 12. ὅτε—with the optative of indefinite frequency. ἀρξομένους—to be under his command, fut. middle in a passive sense. [The reading of the MSS. ἀρχομένους bears no satisfactory reading. The best MS. had originally ἀρξαμένου. Other corrections are ἄρχοντας or the entire omission of the word.]

§ 13. καὶ γὰρ οὖν—for in fact. φιλίᾳ—from love, causal. Join κατεχόμενοι ὑπὸ τοῦ δεῖσθαι. ἐχρῆτο—these he found implicitly obedient.

§ 14. ἤδη μεγάλα—great at once were the points which rendered the soldiers with him efficient.

§ **15.** ἄρχεσθαι—passive. οὐ μάλα—*decidedly not.* τὰ πεντήκοντα—the article is inserted because the number is a round one.

§ **16.** εὐθύς ὤν--cp. I. 9. 4, εὐθὺς παῖδες ὄντες, and the Terentian phrase, *statim ex ephebis.* ἔδωκεν ἀργύριον— *paid a fee,* i.e. *became the pupil of.* Gorgias came to Athens B.C. 427, and there taught rhetoric, his fee for each pupil being 100 minae, or about £400. [It was this 'selling' of their teaching that Socrates thought so immoral in the Sophists, of which class Gorgias was one.]

§ **17.** ἐπεὶ συνεγένετο αὐτῷ—*after he had been his pupil.* ἱκανός—why in the nominative? καὶ φίλος ὤν—*and as he was also on friendly terms with the chief men* (of Athens). εὐεργετῶν—a participle. ᾤετο—with future infinitive, *expected.*

§ **18.** ἐπιθυμῶν σφόδρα—concessive. ἔνδηλον εἶχε—*he let it be clearly seen.* τὸ δίκαιον—see Vocabulary.

§ **19.** καλὸς καὶ ἀγαθός—*a perfect man, a man as he should be, a gentleman,* the καλὸς specially referring to physical, the ἀγαθός to moral, excellence. ἑαυτοῦ αἰδῶ— *respect for himself,* the gen. is objective. οἱ ἀρχόμενοι— *those who were under him,* passive, as in § 12 and 15.

§ **20.** *And he thought it was enough in order to be, and have the reputation of being, fit to hold command that one should praise,* etc. τῶν συνόντων—*of his company.* ἐτῶν— G. § 169. 3. δῆλος ... ἐπιθυμῶν, 5. 27, note.

§ **21.** ἰσχυρῶς qualifies ἐπιθυμῶν. τοῖς μέγιστον δυνα- μένοις—*the most powerful (influential) men.* ἀδικῶν—*being in the wrong;* virtually = *having done wrong.*

§ **22.** *And he thought that the way to gain his ends.* ὄν = ταῦτα ὤν, G. § 152. τὸ αὐτό—with dative, *the same as, identical with.*

§ **23.** φανερός ἔνδηλος—with participle, see 5. 27, note. τούτῳ is governed by ἐπιβουλεύων, and is the antecedent to ὅτῳ. τῶν συνόντων—genitive after καταγελᾶν; supply τοῖς συνοῦσιν after διελέγετο.

§ **24.** τὰ—supply κτήματα. μόνος—*he thought that he alone knew that it was* (ὄν) *the easiest thing to seize the pro·*

perty of friends, seeing it was unprotected.   οἶδα—with the participle, cp. **1.** 13, note.

§ **26**. ἀγάλλομαι—here with ἐπί, just below with the simple dative, with no difference of meaning. ψευδῆ—from ψευδής (not ψεῦδος), as ἀληθῆ, **5.** 24. τῶν ἀπαιδεύτων—*to belong to the class of.*   διαβάλλων—*he thought he should gain this by slandering those who were then first* (in their friendship). Strictly διαβάλλοντα should have been used after δεῖν, but the construction of ᾤετο (i.e., with the nominative) is followed.

§ **27**. τὸ ... παρέχεσθαι—object of ἐμηχανᾶτο. ἐθέλοι ἄν— *would be ready.*   πλεῖστα qualifies ἀδικεῖν. In translating begin with the subordinate clause, ὁπότε ... ἀφίσταιτο. [εὐεργεσίαν κατέλεγεν—cp. the story of the Wolf and the Crane.]

§ **28**. δή—*no doubt; it is true.*   Join διεπράξατο παρὰ Ἀριστίππου (namely) στρατηγεῖν τῶν ξένων.   ἄν—*though he was.*

§ **29**. *Though he had done the same as they, he was not put to death.*

§ **30**. τούτων—governed by κατεγέλα.

VOCABULARY.

ἀγαγεῖν, from ἄγω.

ἀγαθ-ός, ή, όν, good, brave, fertile, **4**. 22 ; substantive ἀγαθόν, benefit, advantage, **1**. 8, **1**. 12.

ἀγάλλομαι, pride oneself, **6**. 26.

ἀγγελία, news, message.

ἀγγέλλω, -ελῶ, ἤγγειλα, -γελκα, -γελμαι, announce, proclaim, bring word.

ἄγγελος, messenger, envoy, **1**. 5, **3**. 6. [Engl. angel.]

ἄγε δή, come now ! **2**. 10.

ἀ-γένειος, ον, beardless, **6**. 28.

'Αγίας, ου, Agias, one of the Greek generals, **5**. 31, **6**. 1, 30.

ἀ-γνωμοσύνη, want of judgment ; pl. misunderstandings, **5**. 6.

ἀγορά, market-place ; ἀ. πλήθουσα, **1**. 7, = the morning, when the market is full ; ἀγορὰν παρέχειν, furnish provisions, **3**. 24, 26, **4**. 8. [ἀγείρω, collect.]

ἄγω, ἄξω, ἤγαγον, ἀγήοχα, lead, bring, march, **2**. 16, **6**. 7 ; ἄγω καὶ φέρω, plunder (= drive off cattle and carry away booty), **6**. 5 ; marry, **4**. 8.

ἀγωνίζομαι, -ιοῦμαι, contend, strive (πρός τινα), **5**. 10. [ἀγών, contest.]

ἀδελφός, brother.

ἀ-δεῶς, fearlessly, without fear. [ἀ, not ; δέος, fear.]

ἀ-διά-βατος, ον, impassable **1**. 11.

ἀ-δικέω, -ήσω, wrong, injure, be in the wrong, **6**. 2.

ἀ-δικία, injustice, wrongdoing.

ἄ-δικος, ον, unjust ; subst. a wrong-doer. [δίκη.]

ἀ-δόλως, honestly, without fraud.

ἀ-δύνατος, ον, unable, impossible.

ἀεί, always, ever ; at the time, from time to time.

ἄ-θεος, ον, godless ; comp. -ώτερος, sup. -ώτατος, **5**. 39.

'Αθηναῖος, ου, m., an Athenian.

ἀθροίζω, -σω, bring together, collect, **1**. 1.

Αἰγύπτιος, α, ον, Egyptian, **1**. 14, **5**. 13.

Αἴγυπτος, ου, f., Egypt, at this time at war with Persia.

αἰδώς, -οῦς, f., respect, reverence, **6**. 19.

59

αἰκίζομαι, -ιοῦμαι, *torture, outrage*; αἰκισθείς is pass., **6**. 29.

αἱρέω, -ήσω, εἷλον, ᾕρημαι, ᾑρέθην, *take*; mid. *choose, prefer*, **6**. 5.

αἴρω, ἀρῶ, ἦρα, ἦρκα, ἦρμαι, ἤρθην, *raise*; mid. *win*.

αἰσθάνομαι, αἰσθήσομαι, ᾐσθόμην, ᾔσθημαι, *perceive, learn*.

αἰσχρός, ά, όν, *disgraceful*.

αἰσχύνη, *shame*, **3**. 11.

αἰσχύνομαι, -οῦμαι, *be a-shamed, be ashamed before*. αἰσχύνομαι θεοὺς προδοῦναι, *deorum reverentia prohibeor quominus deseram*, **3**. 22.

αἰτέω, ήσω, *ask, ask for*; mid. *gain a request*.

αἴτιος, a, ον, *guilty*.

ἀ-κίνδυνος, *without danger or risk*, **6**. 6.

ἀ-κόλαστος, ον, *unpunished, undisciplined*, **6**. 9.

ἀ-κόλουθος, ον, *consistent*; οὐκ ἀ., *inconsistent*, **4**. 19.

ἀκούω, -σομαι, ἤκουσα, ἀκήκοα, ἤκουσμαι, *hear, obey*, **6**. 11 (w. gen.); βαρέως ἀ., *hear with pain*, **1**. 9.

ἄκων, ουσα, ον, *unwilling*. [ά, ἑκών, *willing*.]

ἀλήθεια, *truth, veracity*, **6**. 26.

ἀληθής, ές, *true*; τὸ ἀληθές, *the truth*.

ἀλίζω, -ιῶ, ἤλισα, *assemble, get together*, **4**. 3.

ἀλλά, *but, well, nay*; ἀλλά

γε, *still at least*, L. *at certe*; ἀλλὰ μήν, *but still*, **5**. 12; *nay more*, **5**. 14.

ἀλλαχῇ, *elsewhere*.

ἄλλῃ, *elsewhere*, **6**. 4.

ἀλλήλω, ᾱ, ω, *each other*.

ἄλλο-θεν, *from another place*.

ἄλλος, η, ο, *other, another*; οἱ ἄλλοι, *the rest*; ἄλλος ἄλλα λέγει, *one says one thing, one says another*; τῇ ἄλλῃ, *the next day*, **1**. 3; τοὺς ἄλλους ἡμᾶς, *the rest of us*, **5**. 39.

ἄλλο-τε, *at another time*; ἀ. καὶ ἀ., *from time to time*, **4**. 26.

ἄλλως, *otherwise, in vain*.

ἀ-λόγιστος, ον, *thoughtless, senseless*, **5**. 21.

ἅμα, *at the same time*; ἅμα πορευόμενοι, *inter eundum*, **5**; prep. (w. dat.), *to-with, at*.

ἅμαξα, *waggon*, **2**. 14.

ἄμεινον, adv., *better*.

ἀ-μήχανος, -ον, of persons, *in straits, helpless*, **5**. 21; of things, *irremediable, difficult*; πολλὰ καὶ ἀμήχανα, *many difficulties*.

ἀμύνω, -ῶ, *ward off*; mid. *ward off from oneself, punish*, **3**. 23.

ἀμφί, w. acc., *about*, **6**. 30; *concerning*, τὰ ἀμφὶ τάξεις, **1**. 7, *science of tactics*; (of time) *about*, **2**. 8.

ἀμφι-γνοέω, -ήσω, *be in doubt, not know*, **5**. 33.

ἀμφότερος, a, ον, *both*; pl. *both parties*.

ἄμφω, -οιν, *both.*

ἄν (ā) = ἐάν w. subj.

ἄν (ă), conditional particle joined chiefly (1) with verbs, when it has some such meaning as *could, would, should ;* (2) with conjunctions, when it has the force of our *-ever,* thus ὅτε, *when,* ὅταν, *whenever.* Such compounds always take the subjunctive.

ἀνα-βαίνω, -βήσομαι, -έβην, *go up country,* 5. 22.

ἀνά-βασις, -εως, f., *march up country,* Anobasis.

ἀν-αγγέλλω, -ελῶ, *take back word, report.*

ἀναγκαῖος, a, ον, *necessary.*

ἀναγκαῖοι, *relations ;* Lat. *necessarii,* 4. 1.

ἀναγκάζω, -άσω, *compel,* 1. 6.

ἀνάγκη, *necessity.*

ἀν-άγω, *carry up, lead up, bring ;* mid. *put to sea.*

ἀνα-λέγω, *report.*

ἄν-ανδρος, ον, *unmanly, cowardly.*

ἀνα-παύομαι, *stop, halt, rest, go to rest,* 2. 4, 4. 23.

ἀν-αρπάζω, -ξω and -σω, *seize, carry off.*

ἀνα-στρέφω, -ψω, -έστροφα, -έστραμμαι, *turn ;* mid., *behave, act,* 5. 14.

ἀνα-σχ- : see ἀν-έχω.

ἀνα-τέλλω, -τελῶ, -έτειλα, *rise* (of the sun), 3. 1.

ἀνα-τίθημι, -θήσω, -έθηκα, -τέθεικα, *put up, load ;* mid. *pack up,* 2. 4.

ἀνα-πείθω, -σω, *persuade,* 6. 2.

ἀνδράποδον, *slave,* 4. 27.

ἀν-έβην : see ἀνα-βαίνω.

ἀν-εῖπον, *proclaim,* 2. 20 [used as aor. of ἀνα-λέγω].

ἀν-ερωτάω, -ήσω, *ask (repeatedly),* 6. 4.

ἄνευ, adv. and prep., *without.*

ἀν-έχω, -έξω (-σχήσω), -έσχον, -έσχηκα, *hold up, sustain ;* intr. *rise* (of the sun), 1. 3; mid. *put up with, endure to see,* 2. 1.

ἀν-ήκεστος, ον, *incurable, fatal,* 5. 5. [ἀ, ἀκέομαι, *heal.*]

ἀνήρ, ἀνδρός, *man,* Lat. *vir.* In addresses, *e.g.* ἄνδρες (στρατιῶται), merely complimentary like French *Messieurs.*

ἀν-ηρώτα : see ἀν-ερωτάω.

ἀνθρώπινος, η, ον, *human ;* τὰ ἀνθρώπινα, *human things or agencies,* 5. 8.

ἄνθρωπος, *man,* Lat. *homo ;* ἄνθρωποι = ἄνδρες, 1. 11.

ἀν-ίστημι, *cause to stand ;* in intrans. tenses, *rise.*

ἄν-οδος, f., *way up, march inland,* 1. 1.

ἀ-νόητος, ον, *senseless.*

ἀντ-ακούω, -σομαι, *hear in turn,* 5. 16.

ἀντι-λέγω, -ξω, *speak against, say in opposition,* 6. 25. 5. 29.

ἀντι-πάσχω, -πείσομαι, *suffer in turn,* 5. 17.

ἀντι-ποιέομαι, lay claim to, dispute about, 1. 11, 3. 23.

ἀντι-τάττω, -τάξω, -τέταχα, -τέταγμαι, draw up against, 5. 19.

ἀντι-φυλάττομαι, -ξομαι, keep guard in one's turn, 5. 3.

ἄνω, adv., up, inland. [comp. -ωτέρω, sup. -ωτάτω].

ἄξιος, α, ον, worthy, befitting, worth, 3. 2; πλείστου ἄ., most efficient, 4. 6.

ἀξιόω, -ώσω, think worthy or right, claim, expect, 6. 27.

ἄ-οπλος, ον, unarmed, 3. 3.

ἀπ-αγγέλλω, -ελῶ, bring back word, report, send word, 1. 21, 3. 9, 4. 23.

ἀπ-άγω, bring back.

ἀ-παίδευτος, ον, uneducated, uncivilised, 6. 26.

ἀπ-αιτέω, -ήσω, demand as a due, demand, w. two acc. 5. 38.

ἀπ-αμείβομαι, -ψομαι, -ημείφθην, answer, 5. 15.

ἀπαντάω, -ήσομαι, meet. w. dat. 3. 17.

ἅπαξ, once.

ἀ-παράσκευος, ον, unprepared, 3. 21.

ἅπας, ασα, αν, all, the whole, 5. 28.

ἀπ-έθανον : see ἀπο-θνήσκω.

ἀ-πειθέω, -ήσω, disobey, be disobedient, 6. 4.

ἄπ-ειμι, -έσομαι, be away, be absent.

ἄπ-ειμι, part. ἀπ-ιών, inf. ἀπ-ιέναι, will go away, go away, 1. 21.

ἀπ-εῖπον, give up (from exhaustion), be exhausted, lit. renounce [used as aor. of ἀπαγορεύω].

ἀπ-είρηκα, am exhausted, 2. 16. [perfect.]

ἄ-πειρος, ον, inexperienced, ignorant, 2. 5.

ἀπ-έκτονα : see ἀπο-κτείνω.

ἀπ-ελαύνω, -ελῶ, -ήλασα, -ελήλακα, ride away, 3. 6

ἀπ-ελθ- : see next word.

ἀπ-έρχομαι, -ελεύσομαι, -ῆλθον, go away, go back.

ἀπ-ετίθεσαν : see ἀπο-τίθημι.

ἀπ-εχθάνομαι, -θήσομαι, ἀπ-ηχθόμην, -ήχθημαι, be hated or hateful.

ἀπ-έχω, ἀφ-έξω (ἀπο-σχήσω), -έσχον, -έσχηκα, keep away from, be distant.

ἀπ-ήγγειλα : see ἀπ-αγγέλλω.

ἀπ-ήλαυνον : see ἀπ-ελαύνω.

ἀπ-ῆλθον : see ἀπ-έρχομαι.

ἀπ-ημείφθην : see ἀπ-αμείβομαι.

ἀπ-ήντησα : see ἀπ-αντάω.

ἀπ-ιέναι, ἄπ-ιμεν, ἀπ-ιών : see ἄπειμι.[2]

ἀ-πιστέω, -ήσω, distrust, w. dat., 5. 6; disobey, 6. 19.

ἀ-πιστία, mistrust, faithlessness, 5. 21.

ἄ-πιστος, ον, faithless, untrustworthy, 4. 7.

ἀ-πλόος, η, ον (-πλοῦς, -ῆ, -οῦν), simple, single ; τὸ ἁπλοῦν, single - heartedness, candour, 6. 22.

ἀπό, w. gen., from, 2. 16, 4. 13; born from, 1. 3; with,

ἀπὸ ποίου τάχους φεύγων, **5.**
7; d. τοῦ σημείου, at, **5.**
32; by means of, **6.** 5;
from (this time), **6.** 5.

ἀπο-βλέπω, -ψω, look steadily
at.

ἀπο-γιγνώσκω, -γνώσομαι, de-
cide against.

ἀπο-δείκνυμι, -δείξω, point
out, appoint, direct, **3.** 14.

ἀπο-δι-δρά-σκω, ἀπο-δράσομαι,
ἀπ-έδραν, ἀπο-δέδρᾱκα, run
away, escape, **2.** 13, **5.**
7.

ἀπο-δοκεῖ, impers., it is de-
cided not, **3.** 9.

ἀπο-δρα- : see ἀπο-διδράσκω.

ἀπο-θαν- : see ἀπο-θνήσκω.

ἀπο-θνήσκω, -θανοῦμαι, -έθα-
νον, -τέθνηκα, die, be slain,
6. 29.

ἀπό-κειμαι, -κείσομαι, be put
away, laid up, reserved, **3.**
15.

ἀπο-κέκρῐμαι, perf. of ἀπο-
κρίνομαι.

ἀπο-κλίνω, -κλινῶ, -έκλινα,
turn aside, **2.** 16.

ἀπο-κρίνομαι, -νοῦμαι, answer,
2. 22.

ἀπο-κρύπτω, -ψω, hide from ;
mid. hide.

ἀπο-κτείνω, -κτενῶ, -έκτεινα,
-έκτονα, slay, kill, put to
death, **1.** 11, **3.** 19.

ἀπο-λαμβάνω, -λήψομαι, cut
off, arrest, **4.** 17.

ἀπο-λείπω, -ψω, -έλιπον,
-λέλοιπα, leave behind, for-
sake, **6.** 12.

ἀπό-λεκτος. ον, picked, chosen,
3, 15.

ἀπ-όλλυμι, -ολῶ, -ώλεσα, -ολώ-
λεκα (-όλωλα intr.), destroy,
kill, **5.** 39, **6.** 27 ; mid.
and pass. perish, die, ὑπὸ
λιμοῦ, **2.** 11.

ἀ-πορέω, -ήσω, be at a loss, be
in want, **2.** 11, **5.** 18.

ἀ-πορίᾱ, difficulty, **5.** 9 ; dis-
tress, want, **5.** 9.

ἄ-πορος, ον, impassable, im-
possible, **4.** 4, **5.** 18 ; help-
less, **5.** 21.

ἀπο-σκάπτω, -ψω, trench
off, cut off by trenches, **4.**
4.

ἀπο-σπάω, -σπάσω, -έσπᾱσα,
-έσπᾱκα, -έσπᾱσμαι, draw
or drag away, separate ;
intr. be distant from, **2.**
12.

ἀπο-στέλλω, -ελῶ, send off,
despatch.

ἀπο-στρέφω, -ψω, turn back,
recall, **6.** 3.

ἀπο-στροφή (lit. turning
back), place of refuge, **4.**
22.

ἀπο-σχ- : see ἀπ-έχω.

ἀπο-σώζω, -σώσω, bring back
safe, **3.** 18.

ἀπο-τείνω, -τενῶ, stretch.

ἀπο-τειχίζω, -ιῶ, wall off,
cut off by a wall, **4.** 4.

ἀπο-τέμνω, -τεμῶ, -έταμον,
-τέτμηκα, -ετμήθην, cut off ;
ἀποτέμνομαι τὴν κεφαλήν,
am beheaded, **6.** 1.

ἀπο-τέταμαι : see ἀπο-τείνω.

ἀπο-τίθημι, -θήσω, -έθηκα,
-τέθεικα, put away, store
away.

ἀπο-τμηθείς : see ἀπο-τέμνω.

34

ἂν ἀδικεῖν. εὐερ

ἀφ-ίσταιτο, ὅτι

28 καὶ τὰ μὲν δὴ ἀ

ἃ δὲ πάντες ἴσα

ἔτι ὡραῖος ὢν ι

Ἀριαίῳ δὲ βαρβ

οἰκειότατος [ἔτι ὐ

29 εἶχε Θαρύπαν ἀγέ

δὲ τῶν συστρατήγ

Κύρῳ, ταὐτὰ πε

τῶν ἄλλων θάνατ

λέως ἀπ-έθανεν, ι

στρατηγοὶ ἀπο-τμη

θάνατος δοκεῖ εἶνι

πονηρὸς λέγεται τ

30 Ἀγίας δὲ ὁ Ἀ

Agias and Socrates.

τούτω

ἐν πο

εἰς φιλίαν αὐτοὺς ι

πέντε καὶ τριάκοντ

αὐτός, ή, ό, self, my-, your-,
himself, etc. ; of his own
accord, 1. 5; =μόνος, 3.
10. ὁ αὐτός (αὑτός), the
same. In oblique cases,
he, she, it, etc.
αὐτοῦ, adv., there, 1. 21, 2.
3.
ἀφ᾽=ἀπό.
ἀφ-αιρέω, -ήσω, -εῖλον, -ῄρηκα,
take away, deprive.
ἀ-φανής, -ές, unseen, uncer-
tain, 6. 28.
ἀφ-εῖκα, ἀφ-εῖς : see ἀφ-ίημι.
ἀφ-εῖλον : see ἀφ-αιρέω.
ἀφ-έστηκα : see ἀφ-ίστημι.
ἀφ-έξω : see ἀπ-έχω.
ἄ-φθονος, ον, plentiful, abund-
ant.
ἀφ-ίημι, ἀφ-ήσω, -ῆκα, -εῖκα,
-εῖμαι, -είθην (-έθην), let go,
let out, 2. 20, 3. 13.
ἀφ-ικνέομαι, -ίξομαι, -ικόμην,
come to, arrive.
ἀφ-ίστημι, ἀπο-στήσω, in
transitive tenses, remove,
cause to revolt ; in intran-
sitive tenses, stand aloof
from, revolt, withdraw,
5. 7.
ἀ-φύλακτος, ον, unguarded,
off one's guard, 6. 24.
Ἀχαιός, ά, όν, Achaean,
from Achaea (the north
state of the Peloponnese).
ἄ-χαρις, ι (gen. ιτος), un-
pleasant, 1. 13.
ἀ-χαρίστως, without grati-
tude ; ἀ. ἔχειν, be ungrate-
ful, 3. 18.
ἄχθομαι, ἀχθέσομαι, ἤχθημαι,
am annoyed.

ἄχρι, until, 8. 2.

Βαβυλών, ῶνος, f., Babylon,
an ancient city on both
banks of the Euphrates,
capital of Babylonia. It
formed a square each side
of which was more than
14 miles long. 2. 6, 4.
12.
Βαβυλωνία χώρα, Babylonia,
2. 13.
βαίνω, βήσομαι, ἔβην, βέβηκα,
go, march.
βακτηρία, staff, stick, 8. 11.
βάλανος, ου, f., date, 8. 15.
[usu. an acorn.]
βάλλω, βαλῶ, ἔβαλον, βέ-
βληκα, -μαι, ἐβλήθην, throw,
hurl, shoot.
βάπτω, -ψω, dip, 2. 9.
βαρβαρικός, ή, όν, foreign,
barbaric, not Greek.
βάρβαρος, ον, foreign, out-
landish ; subst. barbarian,
foreigner.
βαρέως, heavily ; β. φέρω, be
indignant at, 1. 4; β.
ἀκούω, hear with annoy-
ance, 1. 9.
βασίλεια, queen, or (n. pl.)
palace.
βασιλεία, kingdom, rule.
βασιλεύς, έως, king ; esp. THE
king of Persia (without the
article), 5. 38, etc.
βασιλεύω, be king, rule
over.
βασιλικός, ή, όν, of the king,
royal, 2. 12.
βέλτιστος, η, ον, best, bravest
[used as sup. of ἀγαθός].

βελτίων, *better, braver, of higher rank*, **2**. 1.

βλάβη, *harm, injury*, **6**. 6.

βλᾱκεύω, *be slack, shirk work*, **3**. 11.

βλάπτω, -ψω, ἐβλάβην, *injure, hurt*.

βοήθεια, *succour, relief, help*.

βοηθέω, *come to the rescue, help*, w. dat.

Βοιώτιος, *a Boeotian, from Boeotia*, a district of Greece, N.W. of Attica; the chief city was Thebes, **5**. 21, **6**. 16.

βουλεύω, -σω, *plan, determine*, **5**. 16; mid. *deliberate, take counsel with*, **3**. 8.

βούλομαι, -ήσομαι, *wish, will*.

βοῦς, βοός, m. f., *ox, cow*; pl. *cattle*.

γάμος, *marriage*, **4**. 8; ἐπὶ γάμῳ, *in marriage*, i.e. *as his wife*.

γάρ, *for*; καὶ γάρ, *etenim*, **2**. 15.

γαστήρ, τρός (acc. γαστέρα), f., *belly*.

γε, *at least, at any rate*, but often not to be translated except by emphasis on the word which it follows.

γεγένημαι, γέγονα: see γίγνομαι.

γεγονώς, *sprung from*, **1**. 3; οἱ εἰς τριάκοντα ἔτη γεγονότες, *those that were 30 years old and under*, **3**. 12.

γείτων, ονος, m. f., *neighbour*, **3**. 18.

γελάω, ἄσομαι, ἐγέλᾱσα, *laugh, laugh at*.

γενεά, ᾶς, f., *birth*, **6**. 30.

γενειάω, -άσω, *have a beard*, **6**. 28.

γενέσθαι, γενοίμην: see γίγνομαι.

γέρρον, *oblong, wicker shield, covered with ox-hide*, **1**. 6.

γέφῡρα, *bridge*.

γί-γνομαι, γενήσομαι, ἐγενόμην, γεγένημαι or γέγονα, *become, come into being, be, prove oneself, turn out to be (favourable)*.

γι-γνώ-σκω, γνώσομαι, ἔγνων, ἔγνωκα, ἐγνώσθην, *learn, find out, perceive, know*, **5**. 16; οὕτω γ., *this is my opinion*, **5**. 8.

Γλοῦς, *Glūs*, son of Tamos, announced Cyrus' death to the Greeks and deserted to the king, **1**. 3, **4**. 24.

γνούς: see γιγνώσκω.

γνώμη, *judgment, opinion*; τίνα γνώμην ἔχεις; *what is your opinion?* γνώμῃ, *on principle*, **6**. 9; τὴν γνώμην ἔχειν πρός ..., *to be well disposed towards*.

γνώσομαι: see γιγνώσκω.

Γοργίας, ου, m., a famous sophist of Leontini in Sicily, born about B.C. 480, lived more than 100 years, **6**. 16.

γοῦν, *at all events*.

γράφω, -ψω, *write, write about*.

γυνή, -αικός, f., *woman, wife*.

Δᾱμάρᾱτος, king of Sparta, who was expelled and who accompanied Xerxes on his Grecian expedition, **1. 3.**

δαπανάω,-ήσω, spend (money), **6. 6.**

δᾱρεικός, daric, Persian gold coin, containing 125·5 grains of pure gold, as against 113 in £1, and so worth now by weight about £1 2s. 2½d. ; but it was counted only = 20 drachmae (francs).

δασύς, εῖα, ύ, rough, thickly covered, **4.** 16.

δέ, but, and, on the other hand (often follows μέν).

δεῖ, δεήσει, ἐδέησε, impers., it is necessary.

δείκ-νῡμι, δείξω, ἔδειξα, show, point out.

δείλη, the early afternoon, **2.** 14.

δεινός, ή, όν, wonderful, dreadful; δ. λέγειν, a clever talker, **5.** 15 ; ἐν τοῖς δεινοῖς, in dangers, **6.** 7.

δειπνέω, -ήσω, dine, sup, dine upon, **2.** 4.

δεῖπνον, dinner, supper, the chief meal of the day, taken in the afternoon or evening.

δένδρον, tree [d. pl. -οις and -εσι].

δεξιά, right hand, hence pledge, δεξιάν διδόναι (φέρειν), **4.** 1.

δεξιός, ά, όν, right, on the right hand.

δέον : see δεῖ.

δεσπότης, ου, master, owner.

δεῦρο, hither.

δεύτερος, α, ον, second ; τὸ δεύτερον, the 2nd time.

δέω, δεήσω, want ; mid. want, be in want.

δέω, δήσω, bind.

δή, accordingly, therefore, assuredly, come now, indeed, in fact.

δῆλος, η, ον, clear, evident ; δ. ἦν οἰόμενος, evidently thought, **6.** 21.

δηλόω, -ώσω, make clear, show.

διά, (1) with acc. for sake of, because of, **1.** 10, **4.** 2 ; (2) w. gen. through, through the medium of, δι' ἑρμηνέως ; over, across, διὰ τοῦ πεδίου.

δια-βαίνω, -βήσομαι, go through, go across, **4.** 24.

δια-βάλλω, -βαλῶ, traduce, slander, **5.** 24, 27, **6.** 26.

δια-βάς : see δια-βαίνω.

δια-βᾱτέος, α, ον, necessary to be crossed, **4.** 6.

δια-βᾰτός, η, ον, capable of being crossed, **5.** 9.

δια-βέβηκα, δια-βῆναι : see δια-βαίνω.

δια-βολή, slander, false accusation, **5.** 5.

δια-γελάω, -άσομαι, laugh to scorn, sneer at, **6.** 26.

δι-αγγέλλω, -ελῶ, -ήγγειλα, -γελκα, -γελμαι, announce.

δια-γίγνομαι, -γενήσομαι, -εγενόμην, continue, **6.** 5.

δι-άγω, -ξω bring across, **4.** 28.

δια-δέχομαι, -ξομαι, receive one from the other, relieve.

δια-δίδωμι, hand on, distribute.

διά-δοχος, successor.

δι-αιρέω, -ήσω, -εῖλον, -ῄρηκα, -ῃρέθην, break down, 4. 22.

διά-κειμαι, -κείσομαι, be disposed; φιλικῶς δ., be on friendly terms with, 5. 27.

διᾱ-κόσιοι, αι, α, two hundred.

δια-λέγομαι, converse.

δια-νοέομαι, -ήσομαι, devise, purpose, 4. 17.

δια-πορεύω, let pass through, convey across, 5. 18; mid. and pass., go across, cross, traverse, 2. 11, 18.

δια-πράττω, -ξω, accomplish: mid. gain one's end, 3. 29, 6. 2.

δι-αρπάζω, -άσομαι, plunder, 4. 27.

δια-σημαίνω, -ανῶ, declare, make clear, 1. 23.

δια-σπείρω, -ερῶ, scatter, disperse, 4. 3.

δια-τρίβω, -ψω, stay, delay, 3. 9. [sc. χρόνον.]

δια-φέρω, -οίσω, -ήνεγκα (-κον), -ενήνοχα, differ, be different, 3. 15.

διδάσκαλος, teacher, 6. 12.

διδάσκω, -δάξω, teach, inform, 5. 6.

δίδωμι, δώσω, ἔδωκα, δέδωκα, δέδομαι, ἐδόθην, give, give up, grant; δ. δίκην, pay the penalty, 6. 21.

δι-έβην: see δια-βαίνω.

δι-εγενόμην: see δια-γίγνομαι.

δι-ελαύνω, -ελῶ, -ήλασα, charge through, 3. 19.

δι-ελών: see δι-αιρέω.

δι-έρχομαι, -ελεύσομαι, -ῆλθον, -ελήλυθα, pass through, spread.

διεσπάρθαι, perf. inf. pass. of δια-σπείρω.

δι-ῆλθον: see δι-έρχομαι.

δι-ήρπασμαι: see δι-αρπάζω.

δίκαιος, α, ον, just; τὸ δίκαιον, justice, 6. 18.

δικαιότης, ητος, f. justice, 6. 26. [The more usual word was δικαιοσύνη.]

δικαίως, justly, 3. 19, 5. 14, 16.

δίκη, justice, penalty. δίκην διδόναι (ἔχειν), get one's deserts, be punished, 5. 38, 41; 6. 10.

δι-ότι, because, 2. 14 [= διὰ τοῦτο ὅτι].

διφθέρινος, η, ον, adj. leathern, 4. 28.

διώκω, pursue.

δι-ῶρυξ, -υχος, f. trench, canal, 4. 13, 17. [δι-ορύσσω, dig through.]

δοθῆναι: see δίδωμι.

δοκέω, δόξω, ἔδοξα, δέδογμαι, think, 2. 14; seem, have the reputation of; esp. impers. δοκεῖ, it seems good, it is decided.

Δόλοπες, ων, the Dolopes, living in S.W. Thessaly and Epirus.

δόξα, ης, f. opinion, expectation; παρὰ τὴν δ. αὐτοῦ, contrary to his expectation. [δοκέω.]

δόρυ, ατος, n., *spear* [strictly the spear shaft].

δοῦλος, *slave*, 5. 38.

δοῦπος, *din*, 2. 19 [poetic word].

δραμ- : see τρέχω.

δύναμαι, -ήσομαι, *be able, be powerful, amount to*, 2. 13.

δύναμις, -εως, f. *power, forces*, 1. 13, 5. 11 ; εἰς δύναμιν, *as far as we are able*, 3. 23.

δυνατός, ή, όν, *powerful, influential, capable, possible*.

δύνω, δύσομαι, ἔδυν, δέδυκα, *set* (of the sun), 2. 13.

δύο, *two* ; εἰς δύο, *two abreast*, 4. 26.

δύσ-πορος, ον, *hard to pass or cross*, 5. 9.

δύω, δύσω, transitive of δύνω, mid. = δύνω, 2. 16.

δώ-δεκα, *twelve*.

δῶρον, *gift*.

ἕ, reflexive, *himself*.

ἐάν, *if* (with subjunctive).

ἑ-αυτόν, ήν, *himself* [contr. αὑτόν, -ήν].

ἐάω, -άσω, εἴασα, *let, suffer*.

ἐγ-γίγνομαι, -γενήσομαι, *rise in*.

ἐγγύθεν, *from near*.

ἐγγύς, adv. and prep., *near*, 4. 1, 14 ; superl. -ύτατα, 2. 17 ; or -υτάτω, 2. 11.

ἐγενόμην : see γίγνομαι.

ἐγ-κέλευστος, ον, *ordered, prompted*.

ἐγ-κέφαλος, *the crown of the*

palm, a growth at the top of the stem, 8. 16 [lit. *brain* : ἐν, κεφαλή, *head*].

ἐγ-κρατής, ές, *master of*.

ἔγνων, ἐγνώσθην : see γιγνώσκω.

ἔδοσαν : see δίδωμι.

ἐγώ, *I*.

ἔγωγε, *I for my part*.

ἔζευγμαι : see ζεύγνυμι.

ἐθέλω, -ήσω, ἠθέλησα, *be willing, wish, consent*.

ἐθέμην, ἔθηκα : see τίθημι.

ἔθνος, εος, n., *nation, tribe*.

εἰ, *if* (with indic. and opt.), *whether*, 1. 15. εἰ μή, *unless, except*, hence *otherwise*, 2. 1.

εἶ, from εἰμί, *sum*.

εἴασα, εἴων, from ἐάω.

εἰδέναι : see οἶδα.

εἶδον : see ὁράω.

εἶδος, εος, n., *form, appearance*, 3. 16.

εἰδώς, υῖα, ός : see οἶδα.

εἰκάζω, -άσω, *conjecture*.

εἰκός, *likely, reasonable*.

εἴκοσι, *twenty*.

εἰκότως, *with good reason*, 2. 3.

εἱλόμην : see αἱρέω.

εἰμί, ἔσομαι, *to be* ; ἡμῖν ἐστίν, *we have*, 1. 12 ; impers. ἔστιν, *it is possible*, 3. 15 ; ἦν καταμαθεῖν, *one might see*, 3. 11.

εἶμι, ἤειν (ᾖα), inf. ἰέναι, *will go, go*.

εἶπατε, imperative of εἶπα, not εἶπον.

εἴ-περ, *strengthened for* εἰ.

εἰπόμην : see ἔπομαι.

E

εἶπον (used as aor. of λέγω), say, speak, tell.

εἴρηκα, used as perf. of λέγω.

εἰρήνη, peace, 6. 6.

εἷς, μία, ἕν, one.

εἰς (ἐς), w. acc., to, into ; εἰς τὸ πρόσθεν, forwards, 1. 2 ; on, εἰς θρόνον καθίζειν ; (of time) for, εἰς τὸν ἔπειτα χρόνον, 1. 17 ; εἰς τετταράκοντα, to the number of 40, 2. 7 ; εἰς δύναμιν, to the the utmost of our power, 3. 23 ; εἰς δύο, two abreast, 4. 26 ; δαπανᾶν εἰς, to spend on ; εἰς τὴν γαστέρα, in the belly (i.e. the wound went into) ; in regard to, 6. 30.

εἴσω, adv. and prep., within (w. gen.).

εἶτα, thereupon, then.

εἴ-τε ... εἴ-τε, whether ... or.

εἶχον : see ἔχω.

ἐκ, ἐξ, w. gen., of, out of ; (partitive) ἐξ ὑποζυγίων βοῦς, 1. 6, 5. 20 ; (of material) ἐκ φοινίκων ; =(derived from) ἐκ τῆς χώρας, 2. 11, 2. 16 ; in consequence of, from, 5. 5, 6. 9, 27 ; on, at (of time + cause), 5. 27, 6. 4 ; from (as a source), 6. 17 ; owing to, ἐκ τρόπου, 6. 8.

ἕκαστος, η, ον, each.

ἑκάστοτε, on each occasion, each time, 4. 10.

ἑκάτερος, α, ον, each of two, both.

ἑκατέρωθεν, from both sides.

ἑκατέρωσε, in both directions.

ἑκατόν, a hundred.

ἐκ-βάλλω, βαλῶ, throw away, cast out, drive out, banish.

Ἐκβάτανα, ων, n., Ekbatana, the capital of Media, and summer residence of the kings, 4. 25.

ἐκεῖ, there.

ἐκεῖνος, η, ο, that (=ille), he, she, it.

ἐκηρύχθην : see κηρύττω.

ἐκ-κλησία, assembly. [ἐκ, καλέω.]

ἐκ-κλίνω, bend aside, turn aside.

ἐκ-κόπτω, cut out, cut down, 3. 10.

ἐκ-λέγω, pick out.

ἐκ-πέπληγμαι : see ἐκ-πλήττω.

ἐκ-πίπτω, -πεσοῦμαι, -έπεσον, fall down, 3. 10; be banished.

ἐκ-πλαγείς, aor. pass. of ἐκ-πλήττω.

ἐκ-πλέω, sail out, sail away.

ἐκ-πλήττω, -ξω, knock out, astonish ; pass. be smitten with terror, be panic stricken, 2. 18.

ἐκ-ποδών, adv., out of the way, 5. 29.

ἔκτεινον : see κτείνω.

ἐκτός, w. gen., outside, without, except, 3. 3.

ἑκών, οὖσα, όν, willing, readily, 4. 4.

ἔλαβον : see λαμβάνω.

ἐλάττων, comp. of μῑκρός, smaller, inferior.

ἐλαύνω, ἐλῶ, ἤλασα, ἐλήλακα, ἐλήλαμαι, trans. drive,

drive out; intr. ride, drive, march.

ἐλέγχω, -γξω, examine, convict, reproach.

ἑλεῖν, aor. of αἱρέω.

ἐλεύθερος, α, ον, free, independent.

ἐλήφθην : see λαμβάνω.

ἐλθεῖν : see ἔρχομαι.

Ἑλλάς, άδος, f., Hellas, Greece. [The name Greece is of Roman origin.]

Ἕλλην, ηνος, a Hellene, Greek.

Ἑλληνικός, ή, όν, Hellenic, Greek.

Ἑλλήσ-ποντος, the Hellespont, now 'the Dardanelles.'

ἑλ-οίμην, -όμενος : see αἱρέω.

ἐλπίζω, ίσω (-ιῶ), hope, expect.

ἐμ-αυτόν, ήν, myself.

ἐμ-βαίνω, -βήσομαι, ἐν-έβην, go in, embark.

ἔμεινα, aor. of μένω.

ἐμηχανᾶτο : see μηχανάομαι.

ἐμοί, ἐμοῦ : see ἐγώ.

ἐμός, ή, όν, my, mine.

ἐμ-πείρως, with experience ; ἐ. ἔχειν, w. gen., know personally.

ἐμ-πέπτωκα, -πεσών : see ἐμ-πίπτω.

ἐμ-πίπτω, -πεσοῦμαι, ἐν-έπεσον, fall on.

ἐμ-ποιέω, -ήσω, produce an impression, 6. 8; inspire, 6. 19.

ἐμ-προσθεν, adv., before.

ἐμ-φανής, ές, plain, manifest ; ἐν τῷ ἐμφανεῖ, openly, 5. 25.

ἐν, w. dat., in, at, 1. 3; during (ἐν τῇ ἀνόδῳ); among, 3. 15; ἐν τούτῳ, meanwhile ; ἐν μέσῳ, between, 4. 21 ; ἐν δεξιᾷ, on the right ; ἐν ᾧ, whilst, 2. 15; ἐν περιπάτῳ εἶναι, to be strolling ; ἐν τῷ ἐμφανεῖ, openly, 5. 25.

ἔν-δηλος, ον, clear ; ἔνδηλοι ἦσαν προσέχοντες, were evidently paying regard, 4. 2 ; ἔνδηλον τοῦτο εἶχε, he made this clear, 6. 18.

ἔν-δον, adv., within, inside ; οἱ ἔνδον, those who were inside, 5. 32.

ἐν-έδυν : see ἐνδύω.

ἔν-ειμι, -έσομαι, be in, dwell in, 4. 22.

ἕνεκα (before a vowel ἕνεκεν), prep. w. gen., for the sake of.

ἐνενήκοντα, ninety.

ἐν-ῆν : see ἔν-ειμι.

ἔνθα, there, thereupon, where, 3. 19.

ἐνθά-δε, hither, 1. 4.

ἔνθεν, thence ; ἔνθεν ... ἔνθεν, on this side...on that, 4. 22; whence.

ἐν-θυμέομαι, -ήσομαι, consider, ponder, 4. 5, 5. 15.

ἐνιαυτός, year, 6. 29.

ἔνι-οι, αι, α, some, 4. 1.

ἐνί-οτε, sometimes, at times.

ἐν-νοέω, -ήσω, consider, perceive, 4. 5.

ἐν-οχλέω, crowd, disturb, 5. 13. [ὄχλος, a crowd.]

ἐνταῦθα, there, thereupon, then.

ἐν-τείνω, -τενῶ, lay on, inflict;
πληγὰs ἐ., come to blows,
4. 11.

ἔντερα, ων, n., entrails, **5**.
33.

ἐντεῦθεν, thence, afterwards,
thenceforth, **2**. 7.

ἐν-τί̄μως, honourably; ἐ. ἔχω,
be held in honour, **1**. 7.

ἐντόs, adv. and prep., within,
inside, **1**. 11; between.

ἐν-τυγχάνω, -τεύξομαι, -έτυχον,
come upon, **3**. 10.

ἐν-ών: see ἔν-ειμι.

ἕξ, six.

ἔξ: see ἐκ.

ἐξ-αγγέλλω, -γελῶ, -ήγγειλα,
announce, report, **4**. 24.

ἐξ-αιρέω, -ήσω, -εῖλον, take out,
1. 9; remove, **5**. 4; mid.
pick out, choose, **5**. 20.

ἑξακισ-χί̄λιοι, αι, α, six thou-
sand.

ἐξ-απατάω, -ήσω, deceive
(thoroughly), betray, **6**. 22,
26.

ἕξειν: see ἔχω.

ἐξ-έκοπτον: see ἐκ-κόπτω.

ἐξ-ελαύνω, -ελῶ, drive out,
march, advance.

ἐξ-ελέγχω, -γξω, convict, prove,
5. 27.

ἐξ-ελοίμην: see ἐξ-αιρέω.

ἐξ-επλά́γην: see ἐκ-πλήττω.

ἐξ-έπλει: see ἐκ-πλέω.

ἐξ-έρχομαι, -ελεύσομαι, go out,
go away.

ἔξ-εστι, impers., it is allowed,
it is possible. ἐξόν, acc. abs.,
it being allowed or lawful,
5. 22, **6**. 6.

ἐξ-ήγγειλα, aor. of ἐξ-αγγέλλω.

ἑξή-κοντα, sixty.

ἐξ-ῆλθον: see ἐξ-έρχομαι.

ἐξ-ῄρημαι: see ἐξ-αιρέω.

ἐξόν, when it was possible
[acc. abs. ἔξεστι.]

ἐξ-οπλίζομαι, arm oneself, **1**.
2.

ἔξω, adv. and prep., outside,
without; οἱ ἔξω, those who
were outside, **5**. 32; facing
the enemy, **2**. 4; out of
reach, **6**. 3.

ἕξω, fut. of ἔχω.

ἔοικα, seem, am like, **1**. 13.

ἐπ-αγγέλλω, -ελῶ, command;
mid. promise.

ἔπαθον, aor. of πάσχω.

ἐπ-αινέω, -έσω, -ήνεσα, praise.

ἐπ-άν, conj., whenever, when.

ἐπ-εγγελάω, -άσομαι, laugh at,
insult besides, w. dat., **4**. 27.

ἐπ-εθέμην: see ἐπι-τίθημι.

ἐπεί, when, **3**. 22; since,
3. 23.

ἐπειδ-άν, whenever, as soon
as, **3**. 29.

ἐπει-δή, when, since.

ἔπ-ειμι, come upon, follow.

ἔπ-ειμι, -έσομαι, be upon; of a
bridge, span (a river),
4. 25.

ἐπεί-περ, since, **2**. 10.

ἔπ-ειτα, then, moreover, in the
next place, **4**. 5; ὁ ἔπειτα
χρόνος, after time, **1**. 17.

ἐπ-έστην: see ἐφ-ίστημι.

ἐπ-ήκοος, ον, within ear-shot;
subst. place within ear-
shot.

ἐπ-ῆν: see ἔπ-ειμι.

ἐπ-ήν, whenever, as soon as,
4. 3.

ἐπ-ήνεσα : see ἐπ-αινέω.

ἐπί, (1) w. acc. *against, to; upon* (motion), **2**. 4 ; (rest), **2**. 14 ; *after* (i.e. to get), **3**. 8 ; *over*, ἐπὶ τὸ πεδίον, **3**. 13. (2) w. gen. *towards; upon*, ἐφ᾽ ἁμάξης; ἐ.γεφύρας, **4**. 13 ; ἐφ᾽ ἑαυτῶν, *by themselves*, **4**.10; ἐφ᾽ ὧν (rivers), *in crossing which*, **5**. 18. (3) w. dat. *on, at ;* ἐπὶ τῷ τρίτῳ (κέρᾳ), *at the 3rd bugle ; with a view to*, ἐπὶ πολέμῳ, **4**. 5 ; ἐπὶ γάμῳ, *in marriage*, **4**. 8 ; ἐπὶ τούτοις, *next* (of succession), *hereupon*, **5**. 40 ; *concerning*, **6**. 26.

ἐπι-βουλεύω, *plot against*, w. dat., **5**. 15, **6**. 20.

ἐπι-βουλή, *plot, treachery*, **5**. 1.

ἐπι-δείκ-νυμι, -δείξω, *show, display ;* mid. *show*, **6**. 27.

ἐπι-θέσθαι : see ἐπι-τίθημι.

ἐπι-θυμέω, *desire, long*, **6**. 16.

ἐπι-θῦμία, *desire*, **6**. 16.

ἐπι-θῶνται : see ἐπι-τίθημι.

ἐπι-κίνδῦνος, ον, *dangerous.*

ἐπι-νοέω, *think of, purpose*, **2**. 11, **5**. 4.

ἐπι-ορκέω, *swear falsely by*, **4**. 7 ; *forswear oneself*, **5**. 38, **6**. 22.

ἐπι-ορκία, *false swearing, perjury*, **5**. 21.

ἐπί-ορκος, ον, *perjured, swearing falsely*, **6**. 25.

ἐπι-σῑτίζομαι, -σιτιοῦμαι, *get provisions, forage*, **4**. 5.

ἐπι-σκοπέω, -σκέψομαι, *inspect, review*, **3**. 2.

ἐπι-ίσταμαι, -στήσομαι, *know* (*for certain*), **4**. 3, **5**. 9.

ἐπί-στασις, εως, f., *stopping, halt*, **4**. 26.

ἐπι-στατέω, *command, exercise command*, **3**. 11.

ἐπιστήμων, ον (gen. -ονος), *skilled in*, **1**. 7.

ἐπι-στησ- : see ἐφ-ίστημι.

ἐπι-στρατεία, *hostile expedition*, **4**. 1.

ἐπι-στρατεύω, *march against, attack*, **3**. 19.

ἐπι-τάττω, -ξω, *order, command*, **3**. 6.

ἐπι-τήδειος, α, ον, *fitting, suitable*, **5**. 18 ; *necessary ; the right man* (*to be punished*), **3**. 11. τὰ ἐπιτήδεια, *provisions*, **2**. 3.

ἐπι-τίθημι, -θήσω, *put on, impose, inflict ;* mid. *fall upon, attack*, **4**. 3, 16, 19, **5**. 18.

ἐπι-τρέπω, ψω, *entrust, give up*, **4**. 27.

ἐπι-φαίνομαι, -φανοῦμαι, *appear.*

ἐπι-φέρω, -οίσω, *put upon ;* mid. *attack.*

ἐπί-χαρις, -ιτος, *pleasing ;* τὸ ἐπίχαρι, *winning manners*, **6**. 12. [Comp. -χαριτώτερος, sup. -ώτατος, as if from ἐπιχάριτος.]

ἐπι-χειρέω, *attempt.*

ἔπλευσα : see πλέω.

ἕπομαι, impf. εἱπόμην, aor. ἑσπόμην, *follow*, **2**. 4, **3**. 17, **6**. 13 (w. dat.).

ἕπτα, *seven.*

ἑπτα-καὶ-δεκα, *seventeen,* **2.** 11.

ἐργάζομαι, -άσομαι, εἴργασμαι, *work, till* (the ground), **4.** 22.

ἔργον, *work.*

ἐρέσθαι, *ask,* **3.** 20.

ἐρημία, *desert.*

ἔρημος, ον (also -ος, -η, -ον), *lonely, desert, left behind,* **1.** 6.

ἑρμηνεύς, έως, m., *interpreter.*

ἐρρωμένος, η, ον, *strong, vigorous;* neut. =subst. *determination, strength:* comp. -μενέστερος, sup. -μενέστατος. [Perf. mid. of ῥώννῡμι.]

ἔρυμα, ατος, n., *defence, fortification,* **4.** 22.

ἔρχομαι, ἐλεύσομαι, ἦλθον, ἐλήλυθα, *come;* ἐπί τινὰ ἐ., *go against as an enemy,* **5.** 39.

ἐρῶ, fut., *will say* [used as fut. of φημί].

ἔρως, -ωτος, m., *desire,* **5.** 22.

ἐρωτάω, *ask.*

ἐς =εἰς.

ἐσθίω, ἔδομαι, ἔφαγον, ἐδήδοκα, ἐδήδεσμαι, *to eat.*

ἔσθ' ὅτε, *it is when, sometimes.*

ἔστε, conj., *until,* w. aor. indic., **5.** 30; ἔστ' ἄν, w. conj., **3.** 9.

ἔστε: see εἰμί, *sum.*

ἑστηκ-: see ἵστημι.

ἔστην: see ἵστημι.

ἔσχατος, η, ον, *last;* τὰ

ἔσχατα, *the severest penalties,* **5.** 24.

ἐσχάτως, *to the last degree, exceedingly,* **6.** 1.

ἐτάχθην: see τάττω.

ἕτερος, α, ον, *the other* (of two), *another.*

ἐτετρώμην: see τιτρώσκω.

ἔτι, *still, yet, furthermore;* w. negative, *no longer,* **1.** 4.

ἑτοίμως, *readily,* **5.** 2.

ἔτος, εος, n., *year,* **3.** 12.

εὖ, adv., *well;* εὖ ποιεῖν τινα, *de aliquo bene mereri;* εὖ ἴσθι, *be well assured.*

εὐ-δαιμονία, *good fortune, prosperity.*

εὐ-δαιμονίζω, *reckon happy,* **5.** 7.

εὐ-δαίμων, ον (gen. -ονος), *happy, prosperous,* **4.** 28.

εὐ-ειδής, ές, *good-looking, handsome,* **3.** 3.

εὐ-ελπις, -ι (gen. -ιδος), *hopeful,* **1.** 18.

εὐ-εργεσία, *good deed, kindness,* **6.** 27.

εὐ-εργετέω, *do well, act kindly,* **6.** 17.

εὐ-εργέτης, ου, m., *benefactor,* **5.** 10.

εὐθύς, *immediately.*

εὐθύ-ωρον, adv., *straight on,* **2.** 16.

εὐ-μετα-χείριστος, ον, *easy to manage, easy to get round,* **6.** 20.

εὔ-νοια, *good-will, friendly feeling.*

εὔ-νους, -νουν (-νοος, -νοον), *well disposed*, 4. 16.

εὔ-οπλος, ον, *well-armed*, 8. 3.

εὐ-πετῶς, *easily*, 5. 23.

εὔ-πορος, ον, *easy to travel, easy*, 5. 9.

εὔ-πρᾱκτος, ον, *easy (to do)*; comp. -ότερος, 8. 20.

εὕρημα, ατος, n., *a find, a piece of good fortune*, 8. 18.

εὑρίσκω, εὑρήσω, ηὗρον, ηὕρηκα, ηὕρημαι, ηὑρέθην, *find, find out*, 8. 21 ; mid. *find for oneself, obtain*, 1. 8.

εὖρος, εος, n., *breadth*.

εὔ-τακτος, ον, *well ordered, disciplined*, 6. 14.

Εὐφράτης, ου, m., *the Euphrates*, rises in Armenia, and after a course of 1500 miles flows into the Persian gulf.

ἐφ' = ἐπί before an aspirated vowel.

ἔφαγον : see ἐσθίω.

ἔφασαν, impf. of φημί.

ἔφ-εδρος, m., *a reserve combatant in the public games who sat by to fight the victor*, *fresh opponent, successor in the contest*, 8. 10.

ἐφ-έπομαι, -ψομαι, *follow, pursue*, 2. 12.

Ἔφεσος, f., *Ephesus*, on the west of Asia Minor, in the plain of the Caÿster, 2. 6.

ἐφ-ίστημι, ἐπι-στήσω, ἐπ-έστησα, trans., *halt*, 4. 26;

intrans. tenses and mid. *halt, stop*, 4. 26.

ἔφ-οδος, f., *approach, attack*, 2. 18, 8. 1.

ἔφ-οροι, *the Ephors*, a body of 5 who held all the power at Sparta, even controlling the kings, 6. 3. [Lit. *overseers*.]

ἔχθρα, *enmity, hatred*, 4. 11.

ἐχθρός, ά, όν, *hateful, hostile*.

ἐχρῆτο, impf. of χράομαι.

ἐχυρός, ά, όν, *strong, secure*, 5. 7. [ἔχω.]

ἔχω, ἕξω or σχήσω, ἔσχον, ἔσχηκα, ἐσχέθην, *have, hold, be able* (w. inf.), 2. 11 ; esp. w. adverb, *be*, 1. 7, 6. 14 ; ᾗπερ εἶχον, *just as they were*, 2. 21 ; pass. *be overcome, restrained*, 5. 21.

ἔψευσμαι : see ψεύδομαι.

ἑψητός, ή, όν, *boiled, got by boiling*, 8. 14.

ἕψω, ἑψήσω, ἥψησα, *boil*, 1. 6.

ἑώρᾱκα : see ὁράω.

ἕως, conj., *so long as, until*, w. ind. 6. 2 ; w. opt. 1. 2.

ἕως, ἕω, f., *morning, dawn*, 4. 24.

Ζαπάτας, ου, m., *the river Zab*, a tributary of the Tigris, 5. 1.

ζάω, ζήσω, impf. ἔζων (and ἔζην, as if from ζῆμι), ζῶ, ζῇς, etc. ; inf. ζῆν, *live*.

ζεύγ-νυμι, ζεύξω, *bridge over* (a river), 4. 13 ; *build (a bridge)*, 4. 24.

Ζεύς, Διός, *Zeus*, king of the gods.

ζητέω, *seek, ask for*, **8**. 2.

ἤ, from ὁ, ἡ, τό.
ἤ, from ὅς, ἥ, ὅ.
ἤ, dat. of ὅς, ἥ, ὅ.
ἤ, pres. subj. of εἰμί, *sum*.
ἤ, conj., *or, than*; ἤ ... ἤ, *either ... or*.
ἤ, adv., *truly, in very truth*.
ἤγαγον : see ἄγω.
ἠγαλλόμην : see ἀγάλλομαι.
ἤγγειλα : see ἀγγέλλω.
ἡγεμών, όνος, m., *leader, guide*. [ἡγέομαι.]
ἡγέομαι, -ήσομαι, *lead the way, guide, think*. τὸ ἡγούμενον, *the van*, **2**. 4. (See note.)
ἦγον : see ἄγω.
ᾔδη, plup. of οἶδα.
ἤδη, *now, already, immediately*, **2**. 1 ; *from the very start*, **8**. 13.
ἥδιστα, adv., *most gladly*, **5**. 15. [ἡδέως, -ιον, -ιστα.]
ἥδομαι, ἡσθήσομαι, ἥσθην, *be pleased at, take pleasure in* ; ἥδομαι ἀκούων, *am glad to hear*, **5**. 16.
ἡδονή, ῆς, f., *pleasure*, **6**. 6 ; *sweetness, flavour*, **3**. 16.
ἡδύς, εῖα, ύ, *sweet, pleasant* ; comp. ἡδίων, sup. ἥδιστος.
ἤθελον : see ἐθέλω.
ἠθροίσθην : see ἀθροίζω.
ἥκω, *I am come*, **1**. 9 ; impf. ἧκον, *was come, came*.

Ἠλεῖος, m., *man of Elis*, the north-west section of the Peloponnese.
ἤλεκτρον, *amber*, **3**. 15.
ἦλθον : see ἔρχομαι.
ἠλίθιος, α, ον, *silly, foolish*, **5**. 21 ; τὸ ἠλίθιον, *folly*, **6**. 22.
ἥλιος, *sun*, **8**. 1.
ἡμεῖς : see ἐγώ.
ἡμέρα, *day* ; ἡμέρας, *by day*, **6**. 7.
ἡμέτερος, α, ον, *our, ours*.
ἠμφε-γνόουν, from ἀμφιγνοέω ; N.B. double augment.
ἦν : see ὅς.
ἦν, impf. of εἰμί, *sum*.
ἦν = ἐάν.
ἠν-εσχόμην, 2 aor. of ἀνέχομαι.
ἡνίκα, *when*.
ἠξίουν : see ἀξιόω.
ἦν-περ : see ὅσπερ.
ᾗ-περ (from ὅσπερ), adv., *just as*, **2**. 21.
ἠρόμην, aor. of ἔρομαι, *ask*.
ἠρώτων : see ἐρωτάω.
ᾐσθανόμην : see αἰσθάνομαι.
ἠσθένουν : see ἀσθενέω.
ἥσθην : see ἥδομαι.
ἤσθιον : see ἐσθίω.
ἤστην, impf. dual of εἰμί, *sum*.
ἡσυχία, *quiet, peace* ; καθ' ἡσυχίαν, *untroubled by the enemy*, **3**. 18.
ἡττάομαι, -ήσομαι, *be worsted*, **5**. 19 ; *be conquered*, **4**. 6 ; *be outdone*, **8**. 23.
ἧττον, adv., *less*.
ηὐλιζόμην : see αὐλίζομαι.

ηὐτο-μόλησα : see αὐτο-μολέω.

θ' = τε before an aspirated vowel.

θάνατος, death. [cp. ἔ-θαν-ον.]

θανατόω, -ώσω, put to death, condemn to death, 6. 4.

θαρραλέως, boldly, confidently; τὸ θ. ἔχειν, a bold courage, 6. 14.

Θαρύπας, a, Tharypas, a Greek, 6. 28.

θᾶττον, comp. of ταχέως.

θαυμάζω, -άσω, wonder, I should like to know, 1. 10; wonder at, 5. 33.

θαυμάσιος, a, ον, wonderful, marvellous, 8. 15.

θαυμαστός, ή, όν, wonderful, surprising, 5. 15.

θέλω = ἐθέλω.

Θεόπομπος, an Athenian, and one of Cyrus's generals, 1. 12.

θεός, a god.

θεο-σέβεια, fear of God, religious feeling, 6. 26.

θεραπεύω, court, flatter, 6. 27.

Θετταλία, Thessaly, a district of northern Greece.

Θετταλός, a Thessalian.

θέω, θεύσομαι, run.

θεωρέω, view, inspect, 4. 25.

Θηβαῖος, a Theban, from Thebes, the chief city of Boeotia.

θνῄσκω, θανοῦμαι, ἔθανον, τέθνηκα, die, be slain ; perf. be dead.

θόρυβος, turmoil, uproar, 2. 19.

Θρᾷξ, ᾳκός, m., Thracian, from Thrace, the country north of the Aegean (Archipelago) and west of the Black Sea.

θρόνος, throne, 1. 4.

θυγάτηρ, τρός, daughter.

θυμόομαι, am enraged.

θύρα, door, pl. palace, 4. 4, 5. 31. This usage arises from the Eastern custom of giving judgment at the gate of the city. [Cp. 'the sublime Porte.']

θύω, sacrifice, mid. (of the general), superintend the sacrifice, to consult the omens afforded by the entrails, 1. 9.

θωρακίζομαι, put on a breastplate. [θώραξ, breastplate.]

ἰδεῖν, inf. of εἶδον, see, interview, 4. 15.

ἰδιότης, ητος, f., peculiarity, 8. 16.

ἰέναι : see εἶμι, ibo.

ἱερός, ά, όν, sacred ; subst. τὰ ἱερά, entrails of the victims, 1. 9.

ἱκανός, ή, όν, capable, able, 5. 11, 6. 16.

ἵνα, final conj., in order that, w. subj. and opt.

ἱππασία, riding about, cavalry movements, 5. 33.

ἱππεύς, έως, m., horseman ; pl. cavalry.

ἵππος, m., horse ; f. cavalry.

ἴσασι : see οἶδα.

ἰσθμός, isthmus (of Corinth, 6. 3).

ἴσον, adv., equally, alike, 5. 7.

ἵστη-μι, στήσω, ἔστησα, make to stand, set up, place; ἔστην, ἔστηκα, with all the mid., except the present, impf., and 1st aor., stand.

ἰσχυρός, ά, όν, strong, powerful.

ἰσχυρῶς, exceedingly, 6. 21; vigorously, 5. 30; harshly, 6. 9.

ἴσως, perhaps, 4. 4.

ἰών : see εἶμι, ibo.

Ἰωνία, Ionia, a district on the west coast of Asia Minor, 1. 3, 2. 6.

καθ' = κατά before an aspirated vowel.

καθ-ιεῖν, fut. inf. of καθ-ίζω.

καθ-ίζω, -ιῶ, make to sit, place, 1. 4.

καθ-ίστημι, κατα-στήσω, κατέστησα, draw up (of troops), 6. 3; in intrans. tenses place oneself.

καί, conj., and, also, even; τε (καί) ... καί, both ... and.

Καιναί, ῶν, f., Kaenae, a city of Mesopotamia near the Tigris (perh. the Canneh of Ezekiel xxvii. 23), 4. 28.

καί-περ, concessive conj., although, with participle, 8. 25.

καιρός, fit time, right time, 8. 9.

κακό-νους, νουν, adj. evilminded, ill-disposed, 5. 16, 27.

κακός, ή, όν, bad, base, cowardly, 6. 30; subst. κακόν, a misfortune, hurt.

κακῶς, adv., ill.

καλέω, -έσω, ἐκάλεσα, κέκληκα, -μαι, ἐκλήθην, call, summon.

κάλλιον, adv., more honourably [καλῶς].

κάλλιστος, η, ον, superl. of καλός.

κάλλος, εος, n., beauty.

καλός, ή, όν, beautiful, honourable; καλὸς κἀγαθός, a gentleman; subst. καλόν, honour, 6. 18; of victims, favourable, 2. 3.

καλῶς, beautifully, well, excellently, 8. 3.

κἀμοί = καὶ ἐμοί.

κἄν = καὶ ἄν, or καὶ ἐάν.

καπνός, smoke, 2. 15.

κάπρος, wild boar, 2. 9.

καρδία, heart, 5. 23.

καρπός, fruit, 5. 19.

κατά, (1) w. acc. according to, 2. 8; καθ' ἡσυχίαν, peaceably : opposite to, against, οἱ κατὰ τοὺς Ἕλληνας τεταγμένοι, 8. 19; (2) w. gen. down from.

κατα-βαίνω, -βήσομαι, -έβην, βέβηκα, go down (to the coast), 5. 22.

κατ-αγγέλλω, inform against, denounce, 5. 38.

κατα-δαπανάω, consume, 2. 11.

κατα-καίω, -καύσω, -έκαυσα, burn up, **5.** 19.

κατα-κηρύττω, -ξω, proclaim (by herald), **2.** 20.

κατα-κόπτω, -ψω, cut down.

κατα-κτείνω, -κτενῶ, slay, kill.

κατα-λαμβάνω,-λήψομαι, -έλαβον, -είληφα, catch, overtake, **2.** 12.

κατα-λέγω, reckon (against any one), **6.** 27.

κατα-μανθάνω, -μαθήσομαι, -έμαθον, learn thoroughly, observe, **8.** 11.

κατα-σκηνόω, pitch one's tent, encamp, **2.** 16.

κατα-τείνω, exert oneself, insist, **5.** 30.

κατα-τέμνω, -τεμῶ, cut, **4.** 13.

κατα-τίθημι, -θήσω, -έθηκα, -τέθεικα, -τέθειμαι, -ετέθην, lay up, store up, deposit, **5.** 8.

κατα-φανής, ές, clearly seen, visible, **8.** 3.

κατ-ελήφθην: see κατα-λαμβάνω.

κατ εργάζομαι, -άσομαι, work out, accomplish.

κατ-έστην, -έστησα: see καθ-ίστημι.

κατ-ετέτμηντο, plup. pass. of κατα-τέμνω.

κατ-έχω, καθ-έξω, κατ-έσχον, -έσχηκα, hold fast, constrain, **6.** 13.

κατ-ήγγειλα: see κατ-αγγέλλω.

κεῖμαι, κείσομαι, lie, be laid; used as the pass. of τίθημι, **4.** 12.

κελεύω, -σω, order, command, **8.** 1.

κενός, ή, όν, empty, groundless, **2.** 21.

κέρας, -ᾱτος, (-ως), n., horn (for blowing), trumpet, **2.** 4.

κερδαίνω, -δανῶ, ἐκέρδᾱνα (also κερδήσω, ἐκέρδησα), gain, **6.** 21.

κεφαλ-αλγής, ές, causing headache, **8.** 15. [ἄλγος, pain.]

κεφαλή, head.

κῆρυξ, υκος, m., herald, **1.** 7, **2.** 20, **8.** 2.

κηρύττω, -ξω, proclaim, announce.

κίνδῡνος, danger.

Κλεάνωρ, ορος, Cleānor, the eldest of the Greek generals, from Orchomenos in Arcadia, and a true friend of Cyrus, **1.** 10, **4.** 39.

Κλέαρχος, m., Clearchus, a Lacedaemonian, Cyrus' chief general, **3.** 11, etc. His character, **6.** 24 ff.

κοιμάω, put to rest; mid. and pass. lie down to rest, **1.** 1. [Akin to κεῖμαι.]

κολάζω, -σω, punish.

κόπτω, -ψω, cut, kill, **1.** 6.

κρατέω, have power over, w. gen., **1.** 7; be a conqueror, **1.** 10.

κράτιστος, η, ον, strongest, principal, **2.** 8.

κραυγή, shout, noise, **2.** 17.

κρέας, ᾱτος (ως), pl. κρέα, n., flesh.

κρείττων, ον, *better*, **2**. 10.

κρῑός, *ram*, **2**. 9.

κτάομαι, κτήσομαι, ἐκτησάμην, κέκτημαι, *gain, acquire*.

κτείνω, κτενῶ, ἔκτεινα, εκτονα, *kill, slay*, **5**. 32.

κτῆμα, ατος, n., *possession, property*.

κτησ- : see κτάομαι.

Κῦρος, *Cyrus*, son of Dareius and Parysatis : see Introduction.

κωλύω, *hinder, prevent, be an obstacle*, w. inf., **5**. 7.

κώμη, *village*.

λαβ- : see λαμβάνω.

Λακεδαιμόνιος, *of Lacedaemon, a Lacedaemonian*, **6**. 2.

Λάκων, ωνος, *a Laconian.*

λαμβάνω, λήψομαι, ἔλαβον, εἴληφα, *take, seize*, **1**. 10 ; *find, catch*, **3**. 21. [Tenses formed from stem λαβ.]

λέγω, λέξω, aor. εἶπον, pf. εἴρηκα, *say, speak, tell, mean*, **1**. 15, *speak of ;* pass. *be said, be reported.*

λείπω, -ψω, ἔλιπον, λέλοιπα, *leave ;* pass. *be left, remain.*

λελείψομαι, fut. perf. pass. of λείπω, **4**. 5.

Λεόντῖνος, *of Leontini*, a town of east Sicily, north of Syracuse, now *Lentini.*

ληφθείς, λήψομαι : see λαμβάνω.

λῑμός, *hunger*, **2**. 11, **5**. 19.

λογίζομαι, -ιοῦμαι, ἐλογισάμην, *calculate, think*, **2**. 13.

λόγος, *word, story, narrative*, **1**. 1, **5**. 16, **6**. 4 ; pl. *a conference*, εἰς λόγους ἐλθεῖν, **5**. 4.

λόγχη, *spear-head, lance*, **2**. 9.

λοιπός, ή, όν, *remaining, the rest of ;* τὸ λοιπόν, *henceforward*, **2**. 5.

λοχᾱγός, *captain, leader of* a λόχος (=a company of about 100 foot-soldiers).

λύκος, *wolf.*

λῡπέω, *pain, distress, hurt, annoy*, **3**. 23, **5**. 14.

λῡπηρός, ά, όν, *painful, troublesome*, **5**. 13.

λύω, -σω, ἔλῡσα, λέλῠκα, *loose, release, break down*, **4**. 17, 19 ; *break* (a treaty).

μαθ- : see μανθάνω.

μαίνομαι, μανοῦμαι, ἐμάνην, μέμηνα, *am mad*, **5**. 10.

μᾱκρός, ά, όν, *long ;* ὡς μακρότατον, *as long as possible.*

μάλα, adv., *much, very ;* οὐ μάλα, *by no means*, **6**. 15

μάλιστα (superl. of μάλα), *most, especially.*

μᾶλλον (comp. of μάλα), *more, rather.*

μανείς, εῖσα, έν, *going mad, furious :* see μαίνομαι.

μανθάνω, μαθήσομαι, ἔμαθον, μεμάθηκα, *learn, discover*, **5**. 37.

μάχη, *battle*, **1**. 4 ; *field of battle*, **2**. 6.

μάχομαι, μαχοῦμαι, ἐμαχεσάμην, μεμάχημαι, *fight*, **1.** 4, etc.

μέγας, μεγάλη, μέγα, *great*, **6.** 17 ; *powerful, important*, **5.** 14.

μέγεθος, εος, n., *greatness, size*, **8.** 15.

μέγιστον, *especially* ; μ. δυνάμενος, *the most powerful*, **6.** 21.

μέγιστος, η, ον, superl. of μέγας.

μεθ' = μετά before aspirated vowel.

μεθ-ίστημι, μεταστήσω, μετέστησα (-άμην), trans. *remove, make one retire*, **8.** 8 ; in intr. tenses, *withdraw, stand aside*, **8.** 21, **5.** 21.

μεῖον, adv. *less*, **4.** 10.

μειράκιον, *lad, stripling*, **6.** 16 [dimin. of μεῖραξ, *lad* or *lass*].

μελίνη, *millet*, Lat. *panicum* ; pl. *beds of millet*, **4.** 13.

μέλλω, μελλήσω, ἐμέλλησα, *be about to* (do), *intend, mean*, **1.** 3, **4.** 24, **5.** 5, **6.** 10 ; usu. w. fut. inf.

μέμφομαι, -ψομαι, *blame, find fault with*, **6.** 30.

μέν, *on the one hand, indeed* ; μέν ... δέ, *on the one ... on the other hand*.

μενεῖτε, fut. of μένω.

μέν-τοι, *at any rate, however*, **8.** 22, **4.** 23 ; esp. in answers.

μένω, μενῶ, ἔμεινα, μεμένηκα, *stay, remain*, **1.** 21 ; of a truce, *remain in force*, **8.** 24 ; *await*.

Μένων, ωνος, *Menon*, from Pharsalus in Thessaly, one of the Greek generals, friend of Ariaeus, **1.** 5, **2.** 1, suspected of treachery, **5.** 28 ; his character and miserable end, **6.** 21 f.

μέσος, η, ον, *middle* ; ἐν μέσῃ τῇ χώρᾳ, *in the heart of the country* ; subst. τὸ μέσον, *middle, space between* ; ἐν μέσῳ, *between*, **2.** 3.

μεστός, ή, όν, *full*, **5.** 9.

μετά, (1) w. acc. *after, in succession to*, **2.** 3 ; (2) w. gen. *with*, **1.** 3, **2.** 7, μετ' ἀδικίας, *unjustly*.

μετα-γιγνώσκω, -γνώσομαι, -έγνων, ἔγνωκα, *change one's mind*, **6.** 3.

μετα-μέλει, impers., *it repents*.

μετα-στάς, -στησάμενος : see μεθ-ίστημι.

μετρίως, *moderately, temperately*, **8.** 20.

μέχρι (μέχρις), adv. of time, *until* **6.** 5 ; μέχρι ἄν, *until*, **8.** 7 ; of place, *up to*, **2.** 6.

μή, adv. *not* ; εἰ μή, *except*, **1.** 12 ; *otherwise*, **2.** 1 ; after a negative word, αἰσχύνη, **8.** 11 ; conj., *lest, that* (after verbs of fearing).

μη-δέ, conj. *and not, nor, not even*.

μηδ-είς, μηδε-μία, μηδ-έν, *not one, none*.

Μηδία, *Media*, the country of the Medes, bounded on N. by the Caspian, on W. by Armenia and Assyria, on S. by Susiana and Persis, on E. by Parthians and Hyrcanians ; a fruitful land, and inhabited by brave warriors, **4**. 27.

Μηδίας τεῖχος, *the wall of Media*, about 90 feet high, 20 broad, and extending for about 70 miles ; no traces of it exist ; probably built by Semiramis (or Nebuchadnezzar B.C. 580) as a barrier against the Medes coming down from the north. For its probable direction, see map.

μῆκος, εος, n., *length*, **4**. 12.

μήν, adv., *truly, indeed*, **5**. 12 ; οὐδὲ μήν, *nor indeed*.

μηνύω, *declare, give information*, **2**. 20.

μή-τε, conj., *and not, nor ;* μήτε ... μήτε, *neither ... nor*.

μήτηρ, τρός, *mother*.

μηχανάομαι, -ήσομαι, *contrive*, **6**. 27.

μία, fem. of εἷς, *one*.

Μιθραδάτης, satrap of Lycaonia and Cappadocia, a friend of Cyrus, but attacks the Greeks, **5**. 35.

μικρός, ά, όν, *little, small ;* adv. μικρόν, *a little way*, **1**. 6.

Μιλτοκύθης, a Thracian, deserts to the King, **2**. 7.

μισθο-δοσία, *the giving of pay*, **5**. 22.

μισθός, *pay, reward*, **2**. 20.

μνησι-κακέω, *remember evil, bear a grudge*.

μόνον, adv., *only*.

μόνος, η, ον, *alone, only*.

μύριοι, αι, α, *ten thousand ;* μυρίοι, *countless*, **1**. 19.

Μυσοί, *the Mysians*, a robber tribe of N.W. Asia Minor, **5**. 13.

ναυσί-πορος, ον, *traversed by ships, navigable*, **2**. 3.

νεανί-σκος, *young man*, but laxly used to describe a man up to about 30 : cp. **1**. 13.

νέμω, νεμῶ, ἔνειμα, νενέμηκα, *drive to pasture ;* mid. *graze*, **2**. 15.

νῆσος, f., *island*, **4**. 22.

Νίκ-αρχος, *Nicarchus*, an Arcadian, announces to the Greeks the treachery of Tissaphernes, **5**. 33 ; afterwards deserted to the King.

νικάω, *conquer ;* νικῶμεν, *we are victorious*, **1**. 1.

νόθος, η, ον (and -ος, -ον), *illegitimate, bastard*, **4**. 25.

νομιεῖν, fut. inf. of

νομίζω, -ιῶ, *think, regard*, **5**. 6, 39, **6**. 17.

νόος, νοῦς, *mind*.

νῦν, *now*, **3**. 26.

νύξ, νυκτός, f., *night ;* τῆς νυκτός, *in the course of the night*, **2**. 1 ; μέσαι νύκτες, midnight, plural because of the various watches into which the night was divided, 2. 8.

ξενικός, ή, όν, mercenary ; subst. ξενικόν, mercenary force, 5. 22.

ξένος, guest-friend, 1. 5 ; pl. foreign troops, mercenaries, 6. 28.

Ξενοφῶν, ῶντος, Xenophon.

ξηραίνω, -ανῶ, ἐξήρᾱνα, dry, 8. 15.

ξίφος, εος, n., short straight sword, 2. 9.

ξυλίζομαι, -ιοῦμαι, gather wood, Lat. lignari, 4. 11.

ξύλινος, η, ον, of wood, wooden.

ξύλον, wood ; pl. timbers, 2. 16.

ὁ, ἡ, τό, article, the.

ὁ, neut. of ὅς, ἥ, ὅ.

ὅ-δε, ἥδε, τόδε, this.

ὁδός, f., way, road, expedition, march.

ὅθεν, whence, from which, 1. 3, 6. 26 ; from what quarter, 5, 26.

οἶδα, plpf. ᾔδη, know.

οἴκα-δε, adv. homewards, towards home, 8. 23.

οἰκεῖος, a, ον (and -ος, -ον), intimate, 6. 28.

οἰκέτης, ου, house-servant, slave, 8. 15.

οἰκέω, ήσω, ᾤκησα, ᾤκηκα, inhabit ; pass. of cities, be inhabited : opp. to being deserted (ἔρημος), 4. 25, 28.

οἰκία, house.

οἰκο-δομέω, build, τεῖχος, 4. 12.

οἶκος, house, home ; εἰς οἶκον, homewards, 4. 18.

οἶμαι = οἴομαι.

οἶνος, wine, 8. 14.

οἴομαι, impf. ᾠόμην, f. οἰήσομαι, aor. ᾠήθην, think ; (w. fut. inf.) expect, 6. 17.

οἶος, a, ον, such as ; L. qualis: ὥρα οἶα ἄρδειν, the right season for irrigating.

οἶός τε, able, possible, 4. 24.

οἶσθα : see οἶδα.

οἰ-στός, arrow, 1. 6. [cp. οἴσω, f. of φέρω.]

οἴσω : see φέρω.

οἴχομαι, -χήσομαι, am gone ; ᾤχετο πλέων, he sailed away, 6. 3.

ὀκνέω, shrink from, fear, 8. 9.

ὀκτώ, eight.

ὀλίγος, η, ον, small in number, 2. 12 ; usu. pl. few.

ὅλος, η, ον, whole, wholly, 8. 16.

ὄμ-νῡμι, ὀμοῦμαι, ὤμοσα, ὀμώμοκα, -οσμαι, ὠμόσθην, swear, w. inf. fut., 2. 8. 8. 27, 5. 39.

ὁμο-λογέω, confess, acknowledge, allow.

ὁμο-λογουμένως, confessedly, by common consent, 6. 1.

ὀμόσαι, ὀμόσᾱς : see ὄμνῡμι.

ὅμως, adv. yet, nevertheless, for all that, 2. 17, 4. 23.

ὄνομα, ατος, n., name, 4. 13 ; reputation, 6. 17.

ὄνος, m.f., ass, 2. 29, note.

ὀντ- : see εἰμί, sum.

ὄξος, εος, n., *vinegar, a sour drink.* [ὀξύς, *sour, sharp.*]

ὅπῃ, *in what way,* **1.** 19.

ὀπισθο-φυλακέω, *guard the rear,* **8.** 10.

ὁπλίζω, -ιῶ, *arm;* pass. *be armed,* **6.** 25.

ὅπλισις, εως, f., *warlike equipment,* **5.** 17.

ὁπλο-μαχίā, *science of war, tactics,* **1.** 7 (esp. of fighting in the heavy arms of the ὁπλίτης).

ὅπλον, *weapon;* usu. pl., *arms;* τὰ ὅπλα τίθεσθαι, *get under arms,* **2.** 21; *halt;* τὰ ὅπλα = οἱ ὁπλῖται, **2.** 4; *the place where the arms were stacked,* **2.** 20, **4.** 15.

ὁπόθεν, *whence,* **4.** 5.

ὅποι, *whither,* **4.** 20.

ὁποῖος, a, ov, *of what kind, whatever,* **2.** 2.

ὁπόσος, η, ov, *as much as,* usu. pl., *as many as, who, which.*

ὁπότ-αν, *whenever,* w. conj., **8.** 27.

ὁπότε, *when, whenever,* **6.** 27.

ὅπου, *where;* ὅπου ἄν, *wherever,* **8.** 26.

ὀπτός, ή, óv, *burnt* (of bricks), **4.** 12.

ὅπως, *as* = ὡς, **1.** 6, *how,* esp. with fut. indic.; *that, in order that,* with subj. and opt., **6.** 21; οὐκ ἔστιν ὅπως οὐκ, *it is not possible but that,* **4.** 3.

ὁράω, ὄψομαι, εἶδον, ἑώρᾱκα; *see, perceive;* pass. *be seen,* **8.** 3.

ὀργή, *rage, anger,* **6.** 9.

ὀρθός, ή, óv, *upright,* **5.** 23.

ὄρθρος, *dawn,* **2.** 21.

ὀρθῶς, *rightly, justly,* **5.** 6.

ὅρκος, *oath,* **5.** 3; ὅ. θεῶν, *by the gods,* **5.** 7.

ὁρμάω, *urge on;* mid. and pass. *set out,* **1.** 3.

ὁρμή, *setting out, start;* ἐν ὁρμῇ εἶναι, *be on the point of starting,* **1.** 3.

Ὀρόντᾱς, a, m., *Orontas, son-in-law of King Artaxerxes and satrap of eastern Armenia,* **4.** 8, 9, **5.** 40.

ὄρος, εος, n., *mountain.*

Ὀρχομένιος, *of Orchomenos, a town in Arcadia.*

ὁρωντ-: see ὁράω.

ὅς, ἥ, ὅ, *who, which.*

ὅσιος, ā, ov, *religious, pious,* **6.** 25.

ὅσος, η, ov, *as great (much) as;* usu. pl., *how many,* **5.** 10; after τοσοῦτοι, (*as many) as,* **1.** 16; ὅσα, *in how many respects,* **5.** 23.

ὅσ-περ, ἥ-περ, ὅ-περ, *who indeed, which,* **6.** 29.

ὅσ-τις, ἥ-τις, ὅ-τι, *who, which,* esp. in indirect questions. ὅ τι, *on what account,* **4.** 7.

ὅτι, *because,* **6.** 28, 29; *that,* **2.** 15.

ὅ,τι, neut. of ὅσ-τις.

ὅτου, ὅτῳ: see ὅσ-τις.

οὐ, οὐκ, οὐχ, *not.*

οὗ, *where,* **1.** 6.

οὐδαμό-θεν, *from no side,* **4.** 23.

οὐδαμ-οῦ, *nowhere*, **2**. 18.

οὐ-δέ, *not even, but not, nor yet.*

οὐδ-είς, οὐδε-μία, οὐδ-έν, *not one, none;* subst. *no one, nothing.*

οὐδέν, adv., *in no way, not at all.*

οὐδέ-ποτε, *never,* **6**. 13.

οὐκ = οὐ before vowel. οὐθ' = οὔτε before aspirated vowel.

οὐκ-έτι, *no longer,* **6**. 3.

οὐκ-οῦν, *therefore, then,* οὔκουν εἰσίν, *nonne igitur sunt?* **5**. 24.

οὖν, *so, therefore, accordingly,* **6**. 13, *n.;* introducing a recapitulation, **1**. 1.

οὔ-ποτε, *never,* **5**. 7.

οὔσης, οὖσι, participle, from εἰμί, *sum.*

οὔ-τε, *and not, neither, nor;* οὔτε ... οὔτε, *neither ... nor.*

οὗτος, αὕτη, τοῦτο, *this; he, she, it, they;* ἐν τούτῳ, *meanwhile;* ἀπὸ τούτου, *after this (time);* καὶ ταῦτα, *and this too,* **4**. 15; καὶ τούτων, *and these too.*

οὕτως, *so, thus.*

οὐχ = οὐ before an aspirated vowel.

ὀφείλω, -λήσω, ὠφείλησα and ὤφελον, ὠφείληκα, ὠφειλήθην, *owe, ought* (w. inf.). ὤφελε Κῦρος ζῆν, *O that C. were alive!*

ὄφελος (only in nom. and acc.), n., *benefit, service,* **6**. 9.

ὀχετός, *channel,* **4**. 13.

ὄχλος, *crowd, number of people,* **5**. 9.

ὀψέ, adv., *late,* **2**. 16.

ὄψις, εως, f., *appearance.* **8**. 15.

παθ- : see πάσχω.

παιδικά, ῶν, n. pl., *a favourite,* **6**. 6, 28.

παῖς, παιδός, m. f., *child, boy.*

παίω, παίσω and παιήσω, ἔπαισα, πέπαικα, ἐπαίσθην, *strike.*

πάλιν, *back, again.*

πάμ-πολυς, -πόλλη, -πολυ, *very great* (in number), *very numerous,* **4**. 26.

παν-οῦργος, *a villain, rascal,* **5**. 29, **6**. 26.

παντά-πασι(ν), *wholly, altogether,* **5**. 21; w. negative words, (not) *at all,* **5**. 18.

παντα-χῇ, *everywhere,* **5**. 7.

παντα-χοῦ, *everywhere,* **6**. 7.

παν-τελῶς, *utterly.* **2**. 11. [παντελής, πᾶς, τέλος.]

παντῇ, *on all sides,* **8**. 3, **5**. 7.

παντοῖος, α, ον, *of every kind.*

πάνυ, *very, quite,* **2**. 3, **5**. 27.

παρά, (1) w. acc., *to, up to,* **2**. 3, **4**. 17, 18; *at,* παρὰ πότον, *inter pocula,* **8**. 15; *contrary to,* παρὰ δόξαν, *unexpectedly,* **1**. 18; *beside,* **4**. 14; παρ' οὕς, *in whose hands,* **5**. 8; (2) w. gen., *from,* **1**. 6; (3) w. dat., *in presence of, in spite of, among,* **1**. 7, **2**. 20; *in opinion of,* **6**. 26.

παρ-αγγέλλω, -ελῶ, -ήγγειλα, *pass the word of command, order.* τὰ παρηγγελμένα, *previous instructions,* **2**. 8.

παράδεισος, park, pleasure grounds, 4. 14.

παρα-δίδωμι, -δώσω, -έδωκα, hand over, give up, 1. 8, 12, 18.

παρα-θαρρύνω, -υνῶ, encourage, 4. 1.

παρα-καλέω, -έσω, summon, invite.

παρα-λῡπέω, annoy; οἱ παρα-λυποῦντες, troublesome rivals (παρά), 5. 29.

παρ-α-μελέω, perf. παρ-ημέ-ληκα, disregard, w. gen., 5. 7.

παρα-μένω, -μενῶ, -έμεινα, -μεμένηκα, remain with, 6. 2.

παρασάγγης, ου, m. parasang, a Persian measure of length, perh. an hour's march, which will account for its greater length on some occasions, as it would be longer or shorter according to the difficulties of the road, 2. 6.

παρα-σκευάζω, -άσω, get ready, prepare, provide.

παρα-σχ-: see παρ-έχω.

παρ-είην: see πάρ-ειμι.

πάρ-ειμι, -έσομαι, am present, serve with, 6. 13; ἐν τῷ παρόντι, at the present time, 5. 8.

παρ-εῖχον: see παρ-έχω.

παρ-εκλήθην: see παρα-καλέω.

παρ-έμεινα: see παρα-μένω.

παρ-έρχομαι, -ελεύσομαι, go by, pass, pass within, 4. 12, 25.

παρ-έσομαι: see πάρ-ειμι.

παρ-έχω, -έξω (σχήσω), -έσχον, -έσχηκα, -μαι, furnish, supply, 8. 24; make, render, 8. 26, 5. 13; offer, 1. 11, 8. 22; give rise to, 4. 11.

παρ-ήγγειλα, παρ-ήγγελμαι: see παρ-αγγέλλω.

παρ-ῆλθον: see παρ-έρχομαι.

παρ-ημέληκα: see παρ-αμελέω.

παρ-ῆν: see πάρ-ειμι.

παρ-οίχομαι, -οιχήσομαι, have gone past; τὰ παροιχόμενα, things past, the past, 4, 1.

παρ-ούσῃ, -ούσι: see πάρ-ειμι.

Παρύσατις, ιδος, f., Parysatis, daughter of Artaxerxes I., wife of Dareius, mother of Artaxerxes and Cyrus.

πᾶς, πᾶσα, πᾶν, all, every; usu. pl., all. τὰ πάντα, completely, throughout, at all points.

πάσχω, πείσομαι, ἔπαθον, πέ-πονθα, suffer, 5, 5.

παύω, -σω, make to cease, stop, put an end to, 5, 2, 13; mid. cease (from).

πεδίον, plain.

πεζός, ή, όν, serving on foot; pl. foot soldiers, infantry.

πείθω, πείσω, ἔπεισα, πέπεικα (πέποιθα), act. persuade, 6. 4; mid. obey, 6. 13; pass. be persuaded.

πειράω, -άσω, try; mid. try, do one's best, 5. 41.

πεῖσαι, πείσας: see πείθω.

πειστέον, verbal of πείθομαι, obedience must be paid, 6. 8.

πέλτη, light shield, without a rim, of half-moon shape, made of wood or wicker covered with leather.

πέμπω, -ψω, ἔπεμψα, πέπομφα,
πέπεμμαι, ἐπέμφθην, *send*,
2. 16, **8**. 8.

πεντᾱ-κόσιοι, αι, α, *five hun-
dred.*

πέντε, *five.*

πεντε-καί-δεκα, *fifteen*, **4**. 13.

πεντήκοντα, *fifty*, **2**. 6.

πέπτωκα : see πίπτω.

πέραν, adv. and prep., *on the
other side, across*, **4**. 20 ;
π. τοῦ ποταμοῦ, **4**. 18.

περί, (1) w. acc. (of time), *about*,
1. 7 ; *with, in suite of*, οἱ
περὶ Ἀριαῖον, *A. and his
suite* ; (2) w. gen., *about,
concerning*, **1**. 16, 22 ; *to
treat of*, **8**. 1 ; περὶ παντὸς
ποιεῖσθαι, *to account all
important* ; *for, on behalf
of*, **1**. 12.

περι-γίγνομαι, -γενήσομαι, *get
the better of, overcome.*

περι-μείνειε, aor. opt. of.

περι-μένω, μενῶ, -έμεινα, *wait*,
1. 6 ; *wait for, await.*

Πέρινθος, f., *Perinthus*, a
town in Thrace, on the
Propontis (*Sea of Mar-
mora*), now *Eregli*, **6**. 2.

πέριξ, adv., *round about,
around*, **5**. 14.

περί-πατος, *walking about* ;
ἐν π. εἶναι, *to be walking*,
4. 15.

Πέρσης, ου, m., *a Persian*,
4. 26.

πέφευγα : see φεύγω.

πεφυλαγμένως, *cautiously*, **4**.
24 [from πεφύλαγμαι, pf.
pass. of φυλάττω].

πηλός, *clay, mud*, **3**. 11.

πίπτω, πεσοῦμαι, ἔπεσον, πέπ-
τωκα, *fall*, **8**. 18.

Πισίδης, ου, pl. Πισίδαι, a
warlike and predatory
mountain tribe, between
Lycia and Cilicia, never
thoroughly conquered by
the Persians, **5**. 13.

πιστεύω, -σω, *trust, rely upon*,
5. 22.

πιστός, ή, -όν, *faithful, trusty*,
5. 22 ; pl., πιστά, *pledges*,
2. 10, **8**. 26.

πλάσασθαι, aor. inf. mid. of.

πλάττω, ἔπλασα, πέπλασμαι,
ἐπλάσθην, *mould, make up*,
6. 26.

πλέθρον, *plethrum*, measure
of length, ⅙ stade, 100
Greek feet or 101 English
feet.

πλεῖστος, η, ον, superl. of
πολύς.

πλείων, -ον, comp. of πολύς.

πλέω, πλεύσομαι (-σοῦμαι),
ἔπλευσα, πέπλευκα, -σμαι,
sail.

πληγή, *blow*, **4**. 11 [πλήττω
strike].

πλῆ-θος, ους, n., *multitude,
number.*

πλή-θω, πέπληθα, *be full*; τ. π.

πλήν, adv. and prep., *except*,
4. 27.

πλήρης, ες, *full*, **8**. 10, 13.

πλησίον, adv., *near*, **2**. 18.

πλίνθος, f., *brick*, **4**. 12.

πλοῖον, *ship, boat* [πλέω].

πλουτέω, *be rich.*

ποιέω, *make, cause* ; π. κραυ-
γήν, *utter a shout* ; *do* ;
κακῶς π., *injure* ; mid.

think, consider, **8**. 18 ; περὶ
παντὸς π., *desire above all
things ;* σύνδειπνον ἐποιή-
σατο, *invited him to din-
ner.*

ποῖος, α, ον, *of what sort ?* L.
qualis.

πολεμέω, *wage war,* **6**. 6.

πολεμικός, ή, όν, *warlike,
skilled in war,* **6**. 1.

πολέμιος, α, ον (and -ος, -ον),
hostile, of the enemy, **2**.14;
subst. *an enemy.*

πόλεμος, *war,* **5**. 7.

πόλις, εως, f., *city;* hence *the
citizens, the state,* **6**. 2, 13.

πολύ, *much, far,* **8**. 13.

πολυ-άνθρωπος, ον, *populou*,
4. 13.

πολύς, πολλή, πολύ, *much ;*
pl. *many, much ;* πολλῷ
ὕστερον, *long after,* **5**. 32 ;
πολὺ μᾶλλον, *much more;*
οἱ πολλοί, *most of them,* **3**.
16 ; πολλὰ καὶ ἀμήχανα,
many difficulties, **8**. 18.

πονέω, -ήσω, *work, toil,* **6**. 6.

πονηρός, ά, όν, *bad, wicked,*
5. 21, **6**. 29.

πόνος, *toil, trouble,* **5**. 18.

πορεία, *march,* **2**. 10.

πορευτέος, α, ον, *to be tra-
versed,* **5**. 18.

πορεύω, *convey ;* mid. and
pass. *go forth, proceed,
march, journey,* 1. 4, **2**. 11,
14, etc.

πορίζω, -ίσω (-ιῶ), *supply, pro-
vide,* **8**. 5 ; mid. *get for
oneself, provide oneself
with,* 1. 6.

πόρος, *means,* **5**. 20.

πόσος, η, ον, *how much ? how
great ?* **4**. 21.

ποταμός, *river.*

πότε ; *when ?*

ποτε, indef., *at some time, at
any time, once.*

πότερα ... ἤ (πότερον), *whether
... or,* **1**. 10, 21, **2**. 10,
5. 17.

ποτόν, *drink,* pl. **8**. 27.

πότος, *drinking, drinking
party,* **8**. 15.

ποῦ ; *where ?*

που, *somewhere, anywhere,*
2. 15, **4**. 4.

πούς, ποδός, m., *foot.*

πρᾶγμα, ατος, n., *thing, matter;*
pl. *troubles, difficulties, cir-
cumstances,* **1**. 16.

πρᾶξις, εως, f. *business, trans-
action,* **6**. 17.

πράττω, πράξω, ἔπραξα, πέ-
πραγα, -χα, -γμαι, *do, act,
fare.*

πρεσβεύω, *be an envoy,* **1**.18.

πρέσβυς, νος and εως, *old man;*
pl. *ambassadors ;* comp.
-βύτερος (**3**. 12), -βύτατος.

πρίν, adv., *before ;* conj., *be-
fore that, until,* **5**. 33.

πρό, prep. w. gen., *in front of.*

προ-αγορεύω, *proclaim,* **2**. 20.

προ-άρχομαι, *begin first.*

πρό-βατον, *sheep,* **4**. 27.

προ-δίδωμι, -δώσω, -έδωκα, *be-
tray, forsake,* **2**. 8, **8**. 22.

προ-δότης, ου, m. *traitor,*
5. 27.

πρό-ειμι, *go forward, ad-
vance,* **1**. 6.

προ-έρχομαι, -ελεύσομαι, -ἦλθον,
go forward, advance, **8**. 3.

προ-ηρχόμην: see προέρχομαι.

προ-θῡμέομαι, -ήσομαι, be eager, 4. 7.

προ-ιέναι, -ιών: see πρό-ειμι.

προ-κατα-λαμβάνω, -λήψομαι, seize beforehand, 5. 8.

Προκλῆς, έους, Procles, governor of Teuthrania, 1. 3.

Πρόξενος, Proxenus, a Theban, and a great friend of Xenophon.

προ-πέμπω, -ψω, send forward, 2. 15.

πρός, (1) w. acc., to; πρὸς ταῦτα, therefore, in answer to this; πρὸς τοῦτο τεταγμένοι, told off to this work; (πόροι) πρὸς τὸ πολεμεῖν, resources for war; Lat. erga, 6. 12; against, 6. 2, 10; (2) w. gen., from (8. 18), by (of adjurations), πρὸς θεῶν, 1. 17; on side of, πρὸς τοῦ ποταμοῦ (= -wards): πρὸς πάσης Ἑλλάδος, in the sight of all Hellas, 5. 20; (3) w. dat., by, near, 8. 3; on banks of, 4.13; in addition to.

πρόσ-ειμι, -ῆειν, come up.

προσ-ελθ-: see next word.

προσ-έρχομαι, -ελεύσομαι, -ῆλθον, come up.

προσ-έχω, -έξω, -έσχον, -έσχηκα, turn to, apply to; esp. π. τὸν νοῦν, pay attention to, 4. 2.

πρόσ-θεν, adv. of place, before, in front; εἰς τὸ πρόσθεν προιέναι, to advance forwards, 1. 2; of time, before; ὁ πρόσθεν χρόνος, time past; πρόσθεν ἤ, sooner than.

προσ-ιών, οῦσα, όν: see πρόσ-ειμι.

προσ-λαμβάνω, -λήψομαι, take part (in), 8. 11, 12.

προσ-όμνῡμι, -ομοῦμαι, -ώμοσα, swear in addition, 2. 8.

προσ-ποιέω, add to; mid. pretend, claim, 1. 7.

πρόσω, adv., forward; οὐ πρόσω, not far off, 2. 15.

προσ-ώμοσα: see προσ-όμνυμι.

πρόσωπον, face; poetical pl. 6. 11.

προτερ-αία, the day before, 1. 3.

προ-φαίνω, -φανῶ, -έφηνα, -πέφαγκα, show forth; mid., appear in front or beforehand.

πρό-φασις, εως, f., pretext, 8. 21. [φημί.]

προ-φύλαξ, -ακος, advanced guard, outpost, 8. 2.

πρωΐ, adv., early.

πρωτεύω, be the first, 6. 26.

πρῶτον, adv., in the first place, first, 8. 16; πρῶτον καὶ μέγιστον, first and chiefly, 4. 7.

πρῶτος, η, ον, superl. of πρό, first, 8. 19; first, i.e. chief, 6. 17, 26; οἱ πρῶτοι, the vanguard, 2. 16.

πυκνός, ή, όν, close, compact, 8. 3.

πυνθάνομαι, πεύσομαι, ἐπυθόμην, πέπυσμαι, learn, hear, 1. 4, 2. 3.

πῦρ, πυρός, n. (pl. 2nd decl., as from πυρόν) fire; pl. watch-fires.

πῶς; how? 5. 20.

πως, enclitic, somehow, in any

way, **3**. 18; *for some reason or other*, **6**. 3.

ῥᾳ-θῡμέω, *be idle, take things easily*, **6**. 6 [ῥᾴδιος, θυμός].
ῥᾳ-θῡμίᾱ, *taking things easily, a life of ease*, **6**. 5.
ῥᾷστος, η, ον, superl. of ῥᾴδιος, *easy*.

σαυτόν, ήν = σεαυτόν, -ήν.
σαφῶς, *clearly*.
σε-αυτόν, ήν, *thyself, yourself*.
σημαίνω, -ανῶ, ἐσήμηνα, *point out, intimate*, **1**. 2; *give the signal*, **2**. 4.
σημεῖον, *signal*, **5**. 32.
σημήνω, aor. conj. of σημαίνω.
σῑγή, *silence*.
σῖτος, m. (pl. σῖτα), *corn*, **4**. 27; *provisions*, **1**. 6, **8**. 27.
Σιττάκη, *Sittakē*, a town on the Tigris, now either *Scheriat-el-Beidha* or *Ak-bara*, **4**. 13.
σκηνόω, *pitch tents, encamp*.
σκήνωμα, ατος, n. *encampment*; pl. *quarters*, **2**. 17.
σκοπέω, σκέψομαι, ἐσκεψάμην, ἔσκεμμαι, *keep a lookout*, **5**. 4.
σκοπός, *scout*, **2**. 15.
σκοταῖος, α, ον, *in the dark*, **2**. 17.
σκότος, εος, n. (and -ου, m.), *darkness*, **2**. 7, **5**. 9.
Σοῦσα, ων, pl., *Susa*, the *Shushan* of O.T., the winter and spring residence of the Kings of Persia.
Σοφαίνετος, *Sophaenetus* of Stymphālus, one of Cyrus' generals, **5**. 37.

σπάνιεῖ, fut. of.
σπανίζω, -ιῶ, *lack, be in want of*, **2**. 12.
Σπάρτη, *Sparta* or *Lacedaemon*, the capital of Laconia, in the valley of the Eurōtas.
σπένδω, σπείσω, ἔσπεισα, -σμαι, *pour a libation*; mid. *make a truce with*, **8**. 7.
σπεύδω, σπεύσω, *hasten*, **8**. 13.
σπονδή, *libation*; pl. *truce, treaty*, **8**. 1, 8, 24, **5**. 38.
σπουδάζω, *be zealous, be energetic*, **8**. 12.
στάδιον (pl. -οι and -α), *a stade*, 100 ὀργυιαί (fathoms) and so = 600 Greek feet, and 606 English feet, **4**. 13.
σταθμός, *stage, station*, at which the king rested while travelling, hence *a day's march*, of varying length according to the difficulties of the ground; at **2**. 11, merely a period of time.
στασιάζω, *intrigue against*, w. dat. **5**. 28.
στέργω, στέρξω, ἔστερξα, ἔστοργα, *love*, **6**. 23.
στερέω or στερίσκω, στερήσω, ἐστέρησα, -ηκα, -ημαι, -ήθην, *deprive of*, **5**. 10.
στόλος, *march, army*, **2**. 12.
στράτευμα, ατος, n. *army*.
στρατεύω, *take the field, march*, **1**. 14, **3**. 20; mid. *march, make war*, **1**. 1, **8**. 25.
στρατηγέω, *be general, command* (*forces*, w. gen.), **6**.

28; κάλλιον σ., *be a better general*, 2. 13.

στρατηγία, *generalship*, 2. 13.

στρατηγός, *general*.

στρατιά, *army*.

στρατιώτης, ου, m., *soldier*.

στρατο-πεδεύομαι, -σομαι, *encamp*, 4. 10; *be encamped*, 2. 15; *bivouack*, 2. 17.

στρατό-πεδον, *camp*.

στυγνός, ή, όν, *grim, gloomy*; σ. ὁρᾶν, *grim of aspect*, 6. 9; τὸ στυγνόν, *his grimness*, 6. 11.

Στυμφάλιος, α, ον, *Stymphalian, from Stymphālus*, a town in Arcadia.

σύ, *thou, you*.

συγ-γίγνομαι, -γενήσομαι, *be with, meet, have an interview with*, 5. 2; *be a man's pupil*, 6. 17.

συγ-καλέω, -έσω, *call together, assemble*.

συγ-κατα-στρέφομαι, ψομαι, *help in reducing*, 1. 14.

συλ-λαμβάνω, *seize, arrest*.

συλ-λέγω, *collect*, 4. 11.

συμ-βουλεύω, -σω, *give counsel, advise*; mid. *ask for advice, consult*, 1. 16, 17.

συμ-μάχομαι, -ήσομαι, *fight beside, be an ally*.

σύμ-μαχος, ον, adj., *fighting on one's side, allied, confederate*, 4. 6; neut. σύμμαχα, *things that aid, helps*; subst. σύμμαχος, *an ally*.

συμ-μίγ-νῡμι, -μίξω, -έμιξα, *meet with, effect a junction with*, 1. 2.

συμ-φέρω, συν-οίσω, -ήνεγκα, (-κον), -ενήνοχα, -ενήνεγμαι, *profit*.

σύν (ξύν), w. dat., *with*, οἱ σὺν αὐτῷ, 2. 1; *together with*, 1. 5, 4. 9; *with (arms)*, 1. 12; *with the help of*, 3. 25, 5. 9, 6. 18.

συν-αδικέω, *do wrong with*, 6. 27.

συν-ακολουθέω, *follow along with, accompany*, 5. 30, 35.

συν-άπ-ειμι, *go away in company*, 2. 1.

συν-απ-ιέναι: see συν-άπ-ειμι.

σύν-δειπνος, *dinner companion, a guest*, 5. 27.

συν-εγενόμην: see συγ-γίγνομαι.

συν-ειδέναι: see σύν-οιδα.

σύν-ειμι, -έσομαι, *be with* (one), οἱ συνόντες, *his associates*, 6. 20.

σύν-ελαμβανόμην: see συλ-λαμβάνω.

συν-ελθών: see συν-έρχομαι.

συν-έμιξα: see συμ-μίγνυμι.

συν-έρχομαι, -ελεύσομαι, -ῆλθον, -ελήλυθα, *come together, meet*, 1. 2, 3. 21.

συν-εστρατοπεδευόμην: see συ-στρατοπεδεύομαι.

συν-ηκολουθ-; see συν-ακολουθέω.

σύν-οιδα, *know with*, esp. w. dat. of reflexive pronoun, *be conscious, be privy to*, 5. 7.

συν-ουσία, *meeting, conference*.

συν-τίθημι, -θήσω, -έθηκα, -τέθεικα, -τέθειμαι, -ετέθην, *put together;* mid. *arrange, settle,* **5. 8.**

σύν-τομος, ον, *short,* **6. 22** [lit. *cut short;* τέμνω].

συν-όντ- : see σύν-ειμι.

συ-σκευάζω, -άσω (usu. mid.), *pack up,* **1. 2.**

συ-σπουδάζω, *help zealously,* **3. 11.**

συ-στρατηγός, *fellow-general,* **6. 29.**

συ-στρατοπεδεύομαι, -εύσομαι, *encamp along with,* **4. 9.**

σφάζω [Attic **σφάττω**], σφάξω, ἔσφαξα, *slay, sacrifice,* **2. 9.**

σφόδρα, adv., *very,* **8. 16.**

σχεδία, *raft,* **4. 28.**

σχολάζω, -άσω, *have leisure,* **3. 2.**

σώζω, σώσω, ἔσωσα, σέσωκα, -ωμαι (-ωσμαι), ἐσώθην, *save, deliver, bring in safety,* **3. 25, 5. 11 ;** pass. **1. 19.**

Σωκράτης, εος, *Socrates, a Greek general,* **5. 31, 6. 1, 3.**

σῶμα, ατος, n., *body,* **1. 12.**

σῶος, α, ον (contr. σῶς, σῶα, σῶν), *safe,* **2. 21.**

σωτηρίᾱ, *safety,* **1. 19.**

σωτήριος, ον, *saving, leading to safety.*

τά-δε : see ὅδε.

τάλ-αντον, *talent, a sum of money, containing 60 minae, or 6000 drachmae,* =about £230.

ταμιεύομαι, *parcel out, manage* (like a steward, ταμίας).

Ταμώς, ω, *Tamôs, the Egyptian admiral of Cyrus' fleet,* **1. 3.**

τάξις, εως, f., *array, rank,* **2. 3, 2. 14, 8. 10,** esp. in pl. ; *company,* **1. 7 ;** τὰ ἀμφὶ τάξεις, *tactics,* **1. 7.**

ταπεινός, ή, όν, *humbled, submissive,* **5. 13.**

ταράττω, -ξω, *throw into confusion.*

τάττω, τάξω, ἔταξα, τέταχα, -αγμαι, ἐτάχθην, *arrange, draw up, order, appoint,* **8. 11.**

ταῦρος, *bull,* **2. 9.**

ταῦτα : see οὗτος.

ταὐτά = τὰ αὐτά.

ταύτῃ, *herein, in this respect,* **6. 7.**

τάφρος, f., *ditch, trench,* **8. 10, 4. 13.**

ταχέως, *quickly,* **2. 12.**

τάχος, εος, n., *quickness, speed.*

ταχύς, εῖα, ύ, *quick ;* neut. = adv., ταχύ, *quickly, soon,* **8. 6.**

τε *and ;* τε ... τε (καί), *both... and.*

τέ-θνηκα : see θνήσκω.

τε-θῡμώμαι : see θυμόομαι.

τε-θωράκισμαι : see θωρακίζομαι.

τεῖχος, εος, n., *wall.*

τελευτάω, *come to an end, die,* **1. 1, 4.**

τελευτή, *end (of life), death,* **6. 29.**

τέλος, εος, n., *end ;* adv. acc., *at last,* **8. 26, 4. 13 ;** in plur., τὰ τέλη, *the magis-*

trates (viz., the ephors),
6. 4.

τέταγμαι : see τάττω.

τέτρωμαι : see τιτρώσκω.

τετταρά-κοντα, *forty.*

τέτταρες, a, *four.*

Τευθρανίᾱ, *Teuthrania,* a
town and district in
Mysia, **1.** 3.

τί ; *why?* **4.** 3.

τιᾱρα, *tiara,* a steeple-shaped
Persian headdress, worn
upright by the king, with
the point falling on one
side by his subjects, **5.** 23.

Τίγρης, ητος, m., *the Tigris*
[lit. *the arrow,* so called
from its quick current].

τί-θη-μι, θήσω, ἔθηκα, τέθεικα,
-ειμαι, ἐτέθην, *put, place ;*
mid. τίθεσθαι ὅπλα, *halt
under arms ;* εἰς τάξιν ὅπλα
τ., *get under arms in line
of battle,* **2.** 21.

τῑμάω, *honour.*

τῑμή, *honour,* **1.** 17, **5.** 38.

τῑμωρέω, *avenge ;* mid. *punish ;*
pass. *be punished,* **5.** 27.

τῑμωρία, *punishment, ven-
geance.*

τις, enclitic, *anyone, some-
one, some, a ;* ὁποῖός τις, *of
what kind soever,* **2.** 2 ;
τὰς δέ τινας, *but some
others,* **8.** 15.

τίς ; τί ; *who? what? which?*

Τισσαφέρνης, εος, (irreg. voc.
-η, **5.** 3), m., a Persian
satrap originally of Lydia,
Caria, and Ionia, Cyrus'
bitter foe.

τι-τρώ-σκω, τρώσω, ἔτρωσα,

τέτρωμαι, ἐτρώθην, *wound,*
2. 14, **5.** 33.

τοι, enclitic, *therefore, indeed,
assuredly.*

τοι-γαρ-οῦν, *so then, there-
fore,* **6.** 20.

τοί-νυν, *then, therefore,* **1.** 22.

τοιόσδε, -άδε, -όνδε, *such, such
as the following.*

τοιοῦτος, -αύτη, -οῦτο, *such,
such as the foregoing.*

τολμάω, *dare, have the cour-
age,* ὁ τολμήσων, *the man
that will dare,* **3.** 5.

Τολμίδης, ου, *Tolmidês,* a
herald from Elis, **2.** 20.

τοσόσδε, -ήδε, -όνδε, *so many,
so few,* **4.** 4.

τοσοῦτος, -αύτη, οῦτο(ν), *so
much, so long,* **4.** 26 ; *so
great, so many,* **1.** 16 ;
τοσαῦτα, *so many words,* **5.**
15 ; τοσοῦτον εἶπε, *said
merely this,* **1.** 9.

τότε, *then,* **6.** 5.

τράγ-ημα, ατος, n. (usu. pl.),
sweetmeats, **3.** 15. [τρώγω,
eat.]

τραχύς, εῖα, ύ, *rough, harsh,*
6. 9.

τρεῖς, τρία, *three.*

τρέπω, ░░░░, ἔτρεψα, τέτροφα,
τέτρο░░, ἐτράπην, *turn,
dive░ ░░*id. *betake oneself,*
6. ░

τρι░░░ντα, *thirty.*

τρι░ ░όσιοι, αι, α, *three hun-
dred.*

τρίτος, η, ον, *third ;* ἐπὶ τῷ
τρίτῳ, *at the third sig-
nal.*

τρόπος, *way, method,* **5.** 20 ;

τρόπῳ τινι, *after a fashion,* 2. 17; *temper,* 6. 8.

τυγχάνω, τεύξομαι, ἔτυχον, τετύχηκα, *hit upon, obtain, meet with, meet,* 6. 29; ἐτύγχανεν ὤν, *was as it happened, was at the time, expressing coincidence rather than chance,* 1. 7.

τυρός, *cheese,* 4. 28.

τύχη, *fortune, chance,* 2. 13.

τῷ = τινι, 5. 14.

ὕδωρ, ατος, n., *water.*

ὑμεῖς: see σύ.

ὑμέτερος, α, ον, *your, yours,*

ὑπ-άγω, -άξω, -ἤγαγον, *advance;* mid. *insinuate, craftily suggest,* 1. 18, 4. 3.

ὑπ-άρχω, -άρξω, -ῆρξα, *begin, take the first step,* 8. 23; *be, belong to,* ὑπάρχει ἡμῖν, *we have,* 2. 11; τοιούτων ὑπαρχόντων, *when such grounds exist,* 5. 24.

ὑπέρ, w. gen., *above,* 6. 2.

ὑπ-εσχόμην: see ὑπ-ισχνέομαι.

ὑπ-ηγόμην: see ὑπ-άγω.

ὑπ-ηρετέω, *serve, assist,* 5. 14.

ὑπ-ηρέτης, ου, m., *assistant, servant,* 1. 9 [lit. *underrower*].

ὑπ-ισχ-νέομαι, ὑπο-σχήσομαι, ὑπ-εσχόμην, ὑπ-έσχημαι, *promise,* w. fut. inf., 8. 20.

ὑπό, w. gen., *by,* 5. 14; (cause), 2. 11.

ὑπο-ζύγιον, *beast of burden,* 2. 4, 15.

ὑπο-λαμβάνω, -λήψομαι, *interrupt,* 1. 15.

ὑπο-μαλακίζομαι, *lose courage* somewhat, 1. 14 [μαλακός, *soft.*]

ὑπο-πέμπω, *send secretly, or with a false message,* 4. 22.

ὑπ-οπτεύω, *suspect,* 3. 13.

ὑπο-στρέφω, *turn craftily, baffle,* 1. 18.

ὑπο-χείριος, ον, *subject,* 5. 7 [lit. *under the hand*].

ὑπ-οψία, *suspicion, distrust,* 4. 10; pl. *grounds for distrust,* 5. 1, 2.

ὑπ-ώπτευον: see ὑπ-οπτεύω.

ὑστεραία, *the next day,* 2. 18, 8. 25.

ὕστερον, adv., *after, afterwards.*

ὕστερος, α, ον, *coming after,* 2. 17.

ὑφ-οράω, ὑπ.ὄψομαι, *view with suspicion, suspect,* 4. 10.

ὕψος, εος, n., *height;* acc. *in height,* 4. 12.

φαιδρός, ά, όν, *bright, radiant,* 6. 11.

φαίνω, φανῶ, ἔφηνα, πέφαγκα (πέφηνα), πέφασμαι, ἐφάνθην (ἐφάνην), *show;* mid. *appear, turn up, be disclosed,* 1. 2, 2. 15, 5. 1; w. participle, φαίνομαι ὤν, *evidently am,* cp. 5. 38.

φάλαγξ, αγγος, f. *phalanx, line of battle,* 8. 3, in X's. time usu. 4 deep, 8. 3, etc.

Φαλῖνος, a Greek of Zacynthus in the service of Tissaphernes.

φανερός, ά, όν, *manifest, plain for all to see,* 5. 1; φ. ἦν φοβούμενος, *it was evident that he was afraid*, **6.** 19, 23.

φέρω, οἴσω, ἤνεγκα (-κον), ἐνή-νοχα, -νεγμαι, ἠνέχθην, *bear, carry, bring*, **1.** 17; φ. καὶ ἄγειν, *plunder* (see ἄγω), **6.** 5; βαρέως φ., *bear with anger*.

φεύγω, φεύξομαι or -οῦμαι, ἔφυγον, πέφευγα, *flee*, **5.** 7.

φημί, φήσω, ἔφησα, *say*.

φθάνω, φθάσω or φθήσομαι, ἔφθασα, ἔφθην, *anticipate, be beforehand with*, **5.** 5.

φιλία, *friendship*.

φιλικῶς, *in a friendly way*.

φίλιος, ᾱ, ον, *friendly*; διὰ φιλίας, sc. χώρας, *through a friendly country*, **3.** 27.

φιλο-κίνδῡνος, ον, *fond of danger*, **6.** 7.

φιλο-πόλεμος, ον, *fond of war*, **6.** 1.

φίλος, *friend*, **1.** 14.

φιλό-σοφος, *philosopher*, **1.** 13.

φιλο-φρονέομαι, *be friendly disposed*, **5.** 27.

φοβερός, ά, όν, *dreadful, terrible*, **5.** 9.

φοβέω, *frighten*; mid. and pass. *be afraid, fear*, **6.** 14. 19.

φόβος, *fear, panic*, **2.** 19, 21, etc.

φοῖνιξ, ῑκος, m., *date-palm*, **8.** 10, 14, 15; Linnaeus' *phoenix dactylifera*.

φράζω, φράσω, ἔφρασα, πέφρακα, *say, tell, enjoin, advise*, **3.** 3.

φρονέω, *have skill, have knowledge*, **2.** 3.

φρόνιμος, ον, *sensible, clear-headed*, **5.** 16, **6.** 7.

φροντίζω, -ίσω(ιῶ), *be anxious*, **8.** 25; *consider, devise*, **6.** 8.

φυγάς, -άδος, m., *one banished, an exile*.

φυλακή, *guard, watch*; φυλακὰς φυλάττειν, *keep watch*, **6.** 10; *a guard* (i.e. body of troops), **4.** 17, 23.

φυλάττω, -ξω, *watch, keep watch*, **6.** 10; mid. *be on one's guard*, **5.** 37, **6.** 24; *be on guard against* (w. acc.), **4.** 10.

Φύσκος, *the Physcus*, a tributary of the Tigris, **4.** 25.

φωνή, *voice*.

χαλεπός, ή, όν, *hard, harsh, severe*, **6.** 9, 12.

χαρίζομαι, -ίσομαι (-ιοῦμ...), *gratify, oblige*, **1.** 10, **3.** 19.

χάρις, ιτος, f., *thanks*; χάριν ἔχειν, *be grateful*, **5.** 14.

χείρ, χειρός, d. pl. χερσί, f., *hand*.

Χειρίσοφος, *Cheirisophus*, a Spartan, ... of Cyrus' generals.

Χερρό-νησος, f., *the* (Thracian) *Chersonese*, the peninsula to the N.W. of the Hellespont (*Dardanelles*). [lit. = *dry island*.]

χόρτος, *grass, fodder*, **4.** 11,

χράομαι, χρήσομαι, ἐχρησάμην, w. dat., *use*, **6.** 25, 27; *find*, **5.** 11, **6.** 13.

χρή, impf. ἐχρῆν, f. χρήσει, inf. χρῆναι, *it is right, necessary, it behoves*, **1.** 2.

χρῄζω (only in pres. and impf.), *desire,* 5. 2.

χρῆμα, ατος, n., *that which one uses; * pl., *possessions, property,* 4. 27, *money.*

χρῆναι, inf. of χρή.

χρῆσθαι, inf. of χράομαι.

χρήσιμος, ον (and -ος, η, ον), *useful,* 5. 23.

χρόνος, *time,* 5. 42.

χώρᾱ, *district, land, country.*

χωρέω, *advance, march,* 4. 10.

χωρίον, *place, post.*

ψευδής, ές, *false,* 4. 24.

ψεύδω, ψεύσω, *deceive;* mid. *speak falsely, invent,* 6. 28; pass. *be deceived,* 2. 13.

ὦ, *O!*

ὧδε, *thus, as follow,* 1. 18.

ᾠκεῖτο : see οἰκέω.

ᾠκο-δόμημαι : see οἰκοδομέω.

ὤμνυν : see ὄμνυμι.

ὡμολόγουν : see ὁμολογέω.

ὠμός, ή, όν, *harsh,* 6. 12 [lit. *raw*].

ὤμοσα : see ὄμνυμι.

ὤν : see εἰμί, *sum.*

ὠνέομαι, -ήσομαι, [ἐπριάμην], ἐώνημαι, ἐωνήθην, *bury,* 3. 27.

ᾠόμην : see οἴομαι.

*Ὦπις, ιδος, f., *Opis,* a town at the confluence of the Physcus and Tigris, 4. 25.

ὠπισθοφυλάκουν : see ὀπισθοφυλακέω.

ὥπλισμαι : see ὁπλίζω.

ὥρᾱ, *season, right time,* 3. 13.

ὡραῖος, α, ον, *in the prime of youth,* 6. 28.

ὡς, *as, when, how, since, in order that :* (=πρός) of persons, *to;* =ὥστε, 3. 10; ὡς πολεμήσοντες, *with the intention of warring,* 3. 21.

ὡς (=πρός), 3. 29, 6. 1.

ὥσθ' =ὥστε before an aspirated vowel.

ὥσ-περ, *just as, as if,* 6. 12.

ὥσ-τε, *so that.*

ὤφελον : see ὀφείλω.

ᾠχόμην : see οἴχομαι.

INDEX.

97

ROBERT MACLEHOSE, UNIVERSITY PRESS, GLASGOW.

MACMILLAN'S ELEMENTARY CLASSICS.

18mo, Eighteenpence each.

The following Elementary Books, Edited with Introductions, Notes, and Vocabularies, and in some cases with Exercises, are ready :—

LATIN ACCIDENCE AND EXERCISES. Arranged for Beginners. By W. WELCH, M.A., and C. G. DUFFIELD, M.A.

Aeschylus.—PROMETHEUS VINCTUS. By Rev. H. M. STEPHENSON, M.A.

Arrian.—Selections. By the Rev. JOHN BOND, M.A., and A. S. WALPOLE, M.A., with Exercises.

Aulus Gellius, Stories from. By Rev. G. H. NALL, M.A.

Caesar.—THE HELVETIAN WAR. From Book I. of "The Gallic War." By W. WELCH, M.A., and C. G. DUFFIELD, M.A. With Exercises.

THE INVASION OF BRITAIN. Being Selections from Books IV. and V. of the "De Bello Gallico." By W. WELCH, M.A., and C. G. DUFFIELD, M.A., with Exercises.

THE GALLIC WAR. BOOK I. By A. S. WALPOLE, M.A.

THE GALLIC WAR. BOOKS II. and III. By the Rev. W. G. RUTHERFORD, M.A., LL.D.

THE GALLIC WAR. BOOK IV. By C. BRYANS, M.A.

THE GALLIC WAR. BOOK V. By C. COLBECK, M.A.

THE GALLIC WAR. SCENES FROM BOOKS V. AND VI. By C. COLBECK, M.A.

THE GALLIC WAR. Book VII. By Rev. JOHN BOND, M.A., and A. S. WALPOLE, M.A.

Cicero.—DE SENECTUTE. By E. S. SHUCKBURGH, M.A.

DE AMICITIA. By the same Editor.

STORIES OF ROMAN HISTORY. By G. E. JEANS, M.A., and A. V. JONES, M.A. With Exercises.

Eutropius.—With Exercises. By WILLIAM WELCH, M.A., and C. G. DUFFIELD, M.A.

Homer.—ILIAD. BOOK I. By Rev. JOHN BOND, M.A., and A. S. WALPOLE, M.A.

ILIAD. BOOK XVIII. THE ARMS OF ACHILLES. By S. R. JAMES, M.A., Assistant Master at Eton College.

ODYSSEY. BOOK I. By Rev. JOHN BOND, M.A., and A. S. WALPOLE, M.A.

Horace.—ODES I.—IV. By T. E. PAGE, M.A. Each 1s. 6d.

Livy.—BOOK I. By Rev. H. M. STEPHENSON, M.A.

THE HANNIBALIAN WAR. Being part of LIVY, BOOKS XXI. and XXII. By G. C. MACAULAY, M.A.

THE SIEGE OF SYRACUSE. Being part of the XXIV. and XXV. BOOKS OF LIVY. By GEORGE RICHARDS, M.A., and A. S. WALPOLE, M.A. With Exercises.

Lucian.—EXTRACTS FROM LUCIAN. By Rev. JOHN BOND, M.A., and A. S. WALPOLE, M.A. With Exercises.

MACMILLAN AND CO., LONDON.

Cornelius Nepos.—SELECTIONS ILLUSTRATIVE OF GREEK AND ROMAN HISTORY. Edited for the use of Beginners, by G. S. FARNELL, M.A. With Exercises.

Ovid.—SELECTIONS. By E. S. SHUCKBURGH, M.A.
EASY SELECTIONS FROM OVID IN ELEGIAC VERSE. Arranged and Edited by HERBERT WILKINSON, M.A. With Exercises in Latin Verse Composition.
STORIES FROM THE METAMORPHOSES. Selected and Edited, by Rev. J. BOND, M.A., and A. S. WALPOLE, M.A.

Phaedrus.—SELECT FABLES. Adapted for the use of Beginners, by A. S. WALPOLE. With Exercises.

Thucydides.—THE RISE OF THE ATHENIAN EMPIRE. Selections from BOOK I. Edited by F. A. COLSON, M.A. With Exercises.

Virgil.—AENEID. BOOK I. By Rev. A. S. WALPOLE, M.A.
AENEID. BOOK IV. By Rev. H. M. STEPHENSON.
AENEID. BOOK V. By Rev. A. CALVERT, M.A.
AENEID. BOOK VI. By T. E. PAGE, M.A.
AENEID. BOOK IX. By Rev. H. M. STEPHENSON, M.A.
SELECTIONS. By E. S. SHUCKBURGH, M.A.

Xenophon.—ANABASIS. BOOK I. By A. S. WALPOLE, M.A.
ANABASIS. BOOK I. Chaps. I.—VIII. By E. A. WELLS, M.A. With Exercises.
ANABASIS. BOOK II. By A. S. WALPOLE, M.A.
THE RETREAT OF THE TEN THOUSAND. Being Selections from Book IV. of Xenophon's Anabasis. By Rev. E. D. STONE, M.A. With Exercises.
SELECTIONS FROM THE CYROPAEDIA. By A. H. COOKE, M.A. With Exercises.

The following more advanced Books, Edited, with Introductions and Notes, but no Vocabulary, are ready :—

Cicero.—SELECT LETTERS. By Rev. G. E. JEANS, M.A.

Euripides.—HECUBA. By Rev. J. BOND, M.A., and A. S. WALPOLE, M.A.

Herodotus.—SELECTIONS FROM BOOK VII. AND VIII. THE EXPEDITION OF XERXES. By A. H. COOKE, M.A.

Horace.—SELECTIONS FROM THE SATIRES AND EPISTLES. By Rev. W. J. V. BAKER, M.A.
SELECT EPODES AND ARS POETICA. By H. A. DALTON, M.A.

Plato.—EUTHYPHRO AND MENEXENUS. By C. E. GRAVES, M.A.

Terence.—SCENES FROM THE ANDRIA. By F. W. CORNISH, M.A.

The Greek Elegiac Poets.—FROM CALLINUS TO CALLIMACHUS. Selected and Edited by Rev. H. KYNASTON, D.D.

Thucydides. BOOK IV. CHS. I.—XLI. THE CAPTURE OF SPHACTERIA. By C. E. GRAVES, M.A.

Virgil.—GEORGICS. BOOK II. By Rev. J. H. SKRINE.

. *Other Volumes to follow.*

MACMILLAN AND CO., LONDON.

CPSIA information can be obtained
at www.ICGtesting.com
Printed in the USA
BVHW011314101121
621284BV00010B/224

9 781146 609159